옥상에서 만난 하나님

옥상에서만난
하나님

펴낸 날   2021년 5월 10일 1판 1쇄
         2021년 6월 10일 1판 2쇄

지은이   노태훈
펴낸이   허복만
펴낸곳   야스미디어

편집   레마북스
디자인   신경애

등록번호 제 10-2569호
주소   서울특별시 영등포구 양산로 193 남양빌딩 310호
전화   02-3143-6651
팩스   02-3143-6652
이메일   yasmedia@kakao.com
홈페이지 yasmedia.modoo.at

ISBN 978-89-91105-94-2 (03230)
정가   14,000원

옥상에서 만난 하나님

노태훈 지음

추천사 1

신앙생활의 두 기둥은 기도와 말씀입니다.

신앙생활의 본질 또한 기도 생활과 말씀 생활입니다.

그리스도인들은 오직 기도와 말씀을 통하여 하나님의 인도와 도움을 받을 수 있고, 인생에 닥쳐오는 모든 어려움을 이기고 극복할 수 있습니다.

책 '옥상에서 만난 하나님'은 인생의 극단적인 고난과 위기 가운데서도 기도와 말씀 생활을 지속하고 순종한 자를 하나님께서 어떻게 구원하시고 책임져 주시는지 보여주고 있습니다.

저자가 위기 속에서 만난 하나님을 상세하게 기록하고 있기 때문에, 독자들도 위기 속에서 하나님을 만나는 원리를 발견하게 될 것입니다. 노태훈 전도사님의 책 '옥상에서 만난 하나님'이 코로나 펜데믹으로 어려움을 겪고 있는 성도들에게 큰 위로와 믿음의 도전을 주리라 확신하며 이 책을 적극 추천합니다.

물댐교회

담임 목사 **황 일 구**

저자 노태훈 전도사는 청소년 시절 절망의 몸부림 끝자락에서 하나님을 만난 이후 하나님의 종으로 부름 받고 교회를 섬기고 있습니다. 그는 지금까지 날마다 성령의 충만함을 구하며 더 크고 놀라운 하나님의 은혜를 사모하는 믿음의 사람입니다. 이 책은 저자가 육적으로 경험했던 하나님의 은혜에서 진정 예수 그리스도의 구원의 은혜를 발견한 이후 체험했던 그의 신앙의 이야기를 진솔하게 보여주고 있습니다. 하나님의 은혜를 알면서도 육적 한계 상황에서 신앙의 갈등을 겪고 있는 그리스도인들이라면 이러한 갈등을 몸소 겪었던 저자의 소리에 귀 기울여 볼 것을 권면합니다. 그의 글을 읽다 보면 설교단에서 청중을 향하여 '한결같은 믿음'은 하나님의 '말씀'에 뿌리를 내리고 지속적인 '기도' 생활을 통해서만 이루어지는 것이라고 외치는 저자의 모습이 연상됩니다. 하나님의 은혜를 체험하였지만 영적 무기력함에 빠져 신앙의 역동성을 잃어버린 이 시대의 그리스도인들에게 이 책을 추천합니다.

한국 침례 신학 대학교
대학원장 **문 상 기**

들어가는 말

10년 전 어느 날, 교회 사모님께서 말씀하셨습니다.

"태훈아, 네가 만난 하나님을 기록해 두었다가 나중에 책으로 쓰면 좋을 것 같아."

23살, 어린 저의 마음에 사모님의 말씀은 작은 소원으로 자리 잡았습니다.

무당이 있고, 제사의 규모가 큰 집, 첫 대로 예수를 믿고, 역기능적인 가정, 우울증, 조울증, 강박증, 대인 기피증, 공황장애, 조현병(?), 자살시도, 육신의 질병, 영적 전쟁 등 저는 참으로 연약하고 부족한 사람이었습니다. 보통의 사람들처럼 평범하게 살고 싶었습니다. 살기 위해서 간절히 하나님을 찾았고 하나님은 말씀의 약속처럼 저를 만나주셨고 구원하셨습니다. 지금은 전도사로 교회를 섬기고 있습니다. 모든 것이 하나님의 은혜입니다.

나를 사랑하는 자들이 나의 사랑을 입으며
나를 간절히 찾는 자가 나를 만날 것이니라 (잠 8:17)

　지금 대한민국은 코로나 펜데믹 뿐만 아니라 사회 전반에 걸쳐 수많은 갈등과 어려움을 겪고 있습니다. 위기는 기회의 반대 말입니다. 삶의 고난이 찾아올수록 우리는 하나님께 엎드릴 줄 알아야 합니다. 고난 뒤에 있는 축복과 영광을 바라봐야 합니다.

　왜냐하면 하나님을 간절히 부를 때 주님께서 우리를 구원하시기 때문입니다.

　'옥상에서 만난 하나님'은 자살하려고 하던 순간, 저를 부르시고 구원하신 하나님의 은혜에 관해 기록한 책입니다.

　각양각색의 어려움 가운데 신음하고 있는 독자분들이 이 책을 통해 큰 위로와 도전을 받으시길 기도합니다. 한 걸음 더 나아가 지금도 살아 계시고 응답하시는 하나님을 인격적으로 만나 삶의 역전을 경험하시길 바랍니다. 하나님은 오늘도 살아계십니다.

옥
상
에
서
만
난
하
나
님

CONTENTS

part. 3

하나님 나라를 향하여

여호와는
마음이 상한 자를 가까이 하시고
충심으로 통회하는 자를 구원하시는도다
(시 34:18)

하나님 나라가 임하다

1장
죽음 직전
하나님의 음성을 듣다

옥상에서 들은 음성

2005년 7월 모두가 잠든 새벽, 17살밖에 되지 않았던 나는 자살을 결심하고 옥상으로 올라갔다. 어린 나의 두 눈에서 억울함과 두려움이 섞인 눈물이 흘렀다. 옥상 난간에 기대어 바라본 저 멀리에는 친구들이 다니고 있는 고등학교가 보였다.

'친구들은 학교에 다니고 있는데 나는 죽는구나……'

인생을 잘 살고 싶었다. 그런데 어디서부터 잘못됐는지 알 수 없었다. 행복했던 기억들이 영화 필름처럼 스쳐 지나갔다. 그 기억에 나는 미소를 지으며 하염없이 울고 있었다. 죽고 싶었으나 죽고 싶은 만큼 살고 싶었다. 살고 싶은데 살아낼 소망과 힘이 전혀 없었다. 인생에 아무 소망이 없던 나는 생을 마감하기 위해 마지막 호흡을 가다듬었다. 바로 그 순간이었다.

"자살하지 마라. 자살하면 지옥에 가니 힘들어도 내려와서 살아

라. 지옥은 여기보다 더 힘든 곳이다."

(그 당시 나는 예수를 믿고 있지 않았다)

온몸이 떨릴 정도로 크고 강한 소리였다. 나는 내 뒤에 누가 있는지 돌아봤지만 그곳에는 아무도 없었다. 두 다리에 힘이 풀려 털썩 주저앉았다. 몸의 떨림이 진정되지 않아 한참을 그곳에 앉아 있었다. 어린 시절 다녔던 교회에서 들었던 천국, 지옥 얘기가 생각났다.

'살아도 힘들고 죽어도 힘들면 덜 힘든 곳에서 사는 것이 맞지. 죽어도 지옥에 가면 안 되지.'

나는 '죽어도 지옥은 가면 안 된다.'라는 말을 중얼거리며 옥상에서 내려왔다. 온몸에 힘이 하나도 없었던 나는 쓰러지듯 지쳐 잠이 들었다.

다음날 오후 늦게 일어난 나는 몸을 억지로 일으켜 책상에 앉았다. 지난밤의 사건과 음성에 대해 곰곰이 생각해 보았다. 어린 시절 교회에 다녔던 기억이 났다. '기도'를 해야겠다는 생각이 들었다.

'기도라는 것을 한번 해볼까?'

'하나님 진짜 살아 계세요? 하나님이 살아 계시면 나 좀 살려주세요. 나 하나 살리는 것은 일도 아니잖아요. 나 좀 제발 살려주세요. 힘들어서 죽을 거 같아요.'

지푸라기라도 잡는 심정이었다. 기도할 줄 몰랐으나 간절한 상황에 진심이 터져 나왔다. 보이지 않는 하나님에게 살면서 처음으로 간절하게 기도했다. 기도와 탄식 그 경계선에서 나는 하나님을 불렀다. 며칠 후 나에게 기적이 일어났다.

나를 사랑하는 자들이 나의 사랑을 입으며
나를 간절히 찾는 자가 나를 만날 것이니라 (잠 8:17)

　'살려 달라'는 기도를 드린 후 며칠이 지났다. 방에서 거실로 지나던 나는 거실에 있는 책장의 제일 아래 칸 구석의 책에서 반짝반짝 빛이 나는 것을 보았다. '어? 왜 책에서 빛이 나지?' 신기한 마음에 책장 앞으로 갔다.

　책장에는 그리스 로마 신화 전집이 있었고 그 옆에 만화로 된 신구약 성경이 있었다. 나는 무엇에 홀린 듯 성경책을 꺼내 읽기 시작했다. 만화로 된 성경책이었기 때문에 부담 없이 읽을 수 있었다. 어린 시절 교회에서 들었던 내용이 있었고, 무엇보다 죽은 사람이 살아나고 수많은 기적이 나의 마음을 두드렸다. 깊은 우울증에 힘들어 하던 내게 한 줄기 빛이 임하는 것 같았다. '교회 나가면 살 수 있다!' '살 수 있다'라는 믿음이 생기니 살면서 경험해보지 못한 평강이 내 마음을 가득 채우기 시작했다. 마치 바다에 빠져 허우적거리는 내게 구원의 밧줄이 내려온 기분이었다. 돌아오는 주일 살고 싶어서, 살기 위해서 스스로 교회에 찾아갔다. 그렇게 하나님은 나를 만나주셨다.

여호와는 마음이 상한 자를 가까이 하시고
충심으로 통회하는 자를 구원하시는도다 (시 34:18)

빛이 임하면 어둠이 물러가듯

나는 집안에서 처음으로 예수를 믿는다. 증조할머니가 큰 무당이셨고, 외가 쪽 친척 어른 중에도 무당이 있었다. 집안의 영적 배경으로 인해 사촌 누나는 신병의 고통을 겪기도 했다. 제사의 규모도 상당히 컸는데 방문했던 치유센터 원장님은 센터를 거쳐 간 2만여 명의 사람 중 우리 집 제사 규모가 열 손가락 안에 든다고 하셨다.

무당이 있고, 제사의 규모가 큰 집, 우상을 섬기는 환경으로 인해 우리 집은 어렸을 때부터 조용한 날이 하루도 없었다. 1년 365일 중 360일을 싸웠다. 칼을 들고 싸웠고 누군가는 피를 봐야 했다. 고막이 터지고, 코가 부러지며, 머리가 찢어지는 등 경찰이 오기도 여러 번이었다.

아버지는 공무원이셨는데 고집이 대단하셨고, 어머니는 가정을 돌보지 않으셨다. 장애가 있으신 부모님 밑에서 가난하게 자란 어머니는 사랑을 받지 못하셨고 그 결과 자녀들에게 사랑을 주지 못하시던 분이었다. 사랑하는 마음은 있었지만 표현하는 것이 서투르셨다. 결핍과 학대로 인해 나는 늘 마음이 공허했고 외로웠다. 사랑의 부재로 인해 늘 불안했고, 사춘기가 되면서 방황은 커져만 갔다.

고등학교 1학년, 한 달 정도 학교를 다닌 나는 자퇴를 했다. 학교 자퇴 후 부모님은 방황하는 나의 모습을 두고 서로의 탓을 하며 싸우셨다.

"집에서 애들 교육을 어떻게 했길래 애가 저 모양이 돼?"

"그게 왜 내 탓이에요? 당신이 애들하고 대화 한 번 해봤어요?"

비참했다. 나의 모습도, 집안의 환경도 모든 것이 싫었다. 극심한 우울증과 조울증 대인기피증이 생겼다.

우울한 마음에 잠 못 이루고 밤을 지새우기도 여러 날이었다. 해가 뜨는 것을 보고 잠이 들고 오후 늦게 일어나는 무기력한 일상이 반복됐고 내 감정과 생각을 스스로 통제 할 수 없는 지경에 이르렀다.

인생이란 산이 너무 컸기에 부담감에 짓눌려 죽을 것만 같았다. 앞으로 살아갈 자신이 없었다. 그렇게 올라간 옥상이었다. 삶을 포기하려 하고 내가 의지하던 모든 것이 끊어졌을 때 하나님은 나를 만나주셨다.

심령이 가난한 자는 복이 있나니 천국이 그들의 것임이요 (마 5:3)

살고 싶어서 살기 위해서 스스로 찾아간 교회였다. 오랜만에 간 교회였지만 마치 고향에 온 듯 친숙했다. 친한 친구인 '종구'가 교회에 출석하고 있어서 적응함에는 큰 어려움이 없었다. 나는 교회에 대해 많이 알지 못했지만 예배드리는 것이 행복했다. 예배드리는 사람들의 밝은 모습 속에서 희망을 찾을 수 있었다.

'저 사람들은 하나님 때문에 표정이 밝은 건가?'

찬양과 말씀, 기도와 교제 가운데 하나님의 빛이 임하는 것을 경험했다. 시간이 지날수록 나도 모르는 사이, 내가 변해가고 있었다.

… 기름진 까닭에 멍에가 부러지리라 (사 10:27)

예배 가운데 우울증이 사라졌고 다시 예전의 밝은 모습으로 변해 있었다. 나의 노력으로 변화된 것이 아닌 노력 없이 오는 은혜의 변화였다. 우울증과 함께 조울증도 사라졌고 대인 기피증도 사라졌다. 생명의 빛이 임하니 내면의 어둠이 하나둘씩 사라졌다. 부모님께서도 방황하던 아들이 교회에 다니고 안정을 찾으니 교회 가는 것을 좋아하셨다. 교회 다니기 전 워낙 방황을 많이 했는데 교회를 다닌 후 변한 나의 모습을 보시고 교회 다니는 것을 반대하지 않으셨다.

행복한 날들을 보냈다. 인생의 소망을 찾았고 희망이 생겼다. 무엇보다 하나님이 살아 계시다는 것과 하나님을 믿고 의지하고 살아갈 수 있다는 사실이 삶의 안정을 주었다.

누가 다스리는 자인가?

그런데 문제가 하나 있었다. 우울증, 조울증, 대인기피증의 문제는 치유됐지만 강박증은 치유되지 않았다. 나는 하루 24시간을 '원'으로 시간표를 그려서 5분 단위로 시간을 쪼개 쓰려고 노력했다. 그러나 단 1시간도 내 계획대로 살 수 없었고 수많은 변수로 인해 하루에도 몇 번씩 종이를 구겨 버리고 새로운 시간표 작성하기를 반복했다. 내가 내 인생의 주인이 되어 삶을 통제하려고 했다.

그러던 어느 날, 나는 살아있는 말씀으로 강박증을 치유하시는 하나님을 만나게 됐다. 잠언을 읽고 있었는데 '사람이 마음으로 자기의 길을 계획할지라도 그의 걸음을 인도하시는 이는 여호와이시니라'라는 성경 말씀이 날개를 달고 내 심령 안으로 날아 들어왔다. 그 순간 '아!'라는 짧은 탄식과 함께 내 영혼이 '나'에게 말하는 것을 들을 수 있었다.

"인생의 주인이 네가 아니고 하나님이신데 너는 네가 네 인생의 주인인 줄 알고 살았으니 고생을 했던 거야."

나를 훈계하신 여호와를 송축 할지라
밤마다 내 양심이 나를 교훈하도다 (시 16:7)

먹물로 기록된 말씀이 아니었다. 성령의 조명하심 가운데 살아있는 날선 검과 같은 말씀이었다. 1분도 채 안 되는 짧은 시간이었지만 강박증이 치유되긴 충분했다. 내가 내 삶의 주인이 아니고 하나님이 내 삶의 주인이신데 그것도 모르고 내 마음대로 살아가니(질서를 벗어나니) 인생에 여러 문제가 생기는 것은 당연한 결과였다.

대저 명령은 등불이요 법은 빛이요
훈계의 책망은 곧 생명의 길이라 (잠 6:23)

하나님의 뜻을 거스르고 내 마음대로 살아가는 것이 '죄'의 특징이다. 죄가 무서운 이유는 죄가 나를 파괴하기 때문이다. 하나님으로부터 오는 모든 좋은 것을 죄라는 담에 막혀 누릴 수 없게 된다. 그래서 성경은 회개하고 복음을 믿으라고 말씀하고 있다. 복음은 죄가 인류에게 들어오기 전 창조의 모습으로 '회복'시키는 능력이 있다.

마음이 상한 자를 고치시는 주님

하나님의 은혜로 마음의 병이 치유됐다. 인생의 소망이 생겼고 '하나님의 영광을 위해' 살아간다는 목적도 생겼다.(사43:7) 다음 해에 고등학교도 복학하게 됐고 큰 문제 없이 다닐 수 있었다.

신앙생활도 찬양 팀을 섬기며 교회에 더욱 깊숙이 들어왔다. 죽음 가운데서 구원하신 하나님의 은혜가 진실로 감사하여 열심이 특심으로 예배에 참석하고 학생부를 섬겼다. 나는 우리 반을 맡아 헌신하신 김혜경 선생님을 잊을 수 없다. 청년부 누나였는데 학생부 교사를 처음 하시며 내가 속한 반을 담당하셨다. 아직도 처음 만나 인사한 그날을 잊지 못한다. 선생님은 나를 보며 환하게 웃으셨다.

"네가 태훈이구나?"

"네 안녕하세요."

내 이름을 미리 알고 불러주신 선생님의 섬세하고 따뜻한 사랑을 통해 하나님은 나를 변화시켜 가셨다.

그러나 신앙생활을 하며 삶의 안정을 찾긴 했지만 여전히 집안은 시끄러웠고 믿음이 어렸던 나는 늘 무너지고 하나님 앞에 나와 울기를 반복했다. 그런 내게 선생님은 청년부 예배를 권유하셨고 청년부 예배를 드리던 수개월의 시간 동안 하나님은 나의 아픈 마음을 어루만지셨다.

찬양만 하면 눈물이 났다. 너무 힘들어서, 그럼에도 불구하고 구원해주신 하나님의 은혜가 감사해서 눈물, 콧물 흘리며 수개월을 보냈다. 예배당에 들어가기 전 눈물 닦을 휴지부터 챙기는 것이 예배 전의 의식(?)이었다. 이별한 사람이 이별 노래를 들으면 모두 자기 이야기처럼 느껴지듯, 모든 찬양 가사가 나의 이야기였고 나의 고백이었다. 나는 '주 품에' 라는 찬양을 가장 좋아했다.

> 주 품에 품으소서 능력의 팔로 덮으소서
> 거친 파도 날 향해 와도 주와 함께 날아오르리
> 폭풍 가운데 나의 영혼 잠잠하게 주를 보리라

가사의 일부분이다.

'거친 세상이 파도처럼 날 향해 와도 주님과 함께 살아가겠습니다. 주님이 계시니 다행입니다. 세상 보지 않고 주님만 보게 하소서.'

많이 울고, 위로 받은 찬양이었다. 나는 찬양을 통해 하나님의 한없는 사랑과 위로를 경험하곤 했는데, 하나님의 사랑 안에서 내 안에 있는 슬픔과 아픔이 눈물을 통해 치유되곤 했다. 오죽했으면 청년부 형, 누나들은 내게 힘든 일이 있는 줄 알았다고 걱정을 했다고 한다.

매주 금요일 저녁, 청년부 예배를 통해 은혜받던 중, 목사님께서 청년회 수련회에 함께 가자고 권유하셨다.

"태훈아, 흰 돌산 같이 갈래?"

"흰 돌산이요? 그게 뭐예요?"

"태훈이가 가면 인생이 바뀔 거야. 형 누나들이랑 같이 가자."

"네."

수련회 첫날, 나는 살면서 그렇게 많은 사람이 열정적으로 기도하는 모습을 처음 보았다. 집회가 시작되기 전이었는데도 영적인 분위기가 굉장히 뜨거웠다.

첫날 저녁 집회 찬양이 시작됐다.

'하나님, 저 힘들어요. 그런데 감사해요. 하나님이 계셔서 정말 다행이에요.'

하나님께 찬양과 신앙고백을 번갈아 올려드리던 중 갑자기 나의 의지와 상관없이 눈물이 뚝 멈추었다. 그와 동시에 심장에서부터 가슴 전체로 따뜻한 온기가 퍼지기 시작했고 나를 향한 하나님의 사랑이 마음 가운데 부어졌다.

"아들아, 내가 너를 사랑한단다. 사랑한단다. 사랑한단다. 사랑한단다."

하나님께서 나를 사랑하신다고 말씀하셨다.

세상 그 어떤 것도 줄 수 없는 기쁨과 평강이 내 마음에 임했다. 지난날의 슬픔이 더는 생각나지 않았다. 기억은 있지만, 부정적인 감정이 모두 사라졌다. 고난을 통해 하나님께 돌아온 감사만 남게 되고 원망과 슬픔이 모두 사라졌다. 하나님이 나의 아픈 마음을 치유하셨다.

하나님께서 구하시는 제사는 상한 심령이라
하나님이여 상하고 통회하는 마음을
주께서 멸시하지 아니하시리이다 (시 51:17)

우리는 아프고 상한 마음을 가지고 세상이 아닌 하나님께 나아가야 한다. 진정한 위로는 세상이 아닌 오직 하나님께 받을 수 있기 때문이다. 예수님은 이 땅에 육신을 입고 오셔서 우리를 구원하시기 위해 멸시, 천대, 상처, 슬픔, 아픔, 고통을 당하셨다. 함께했던 제자들에게 배신당했고 사랑하는 인간들에게 죽임 당하셨다. 그렇기 때문에 우리의 모든 아픔을 이해하시고 진정한 위로를 주실 수 있는 분이시다. 아들 독생자 예수 그리스도를 우리에게 내어주신 하나님께서 무엇이 아쉬우셔서 그 아들과 함께 우리에게 모든 것을 주시지 않겠는가? 우리의 만족은 오직 하나님께로부터 나온다.

백성들아 시시로 그를 의지하고 그의 앞에 마음을 토하라
하나님은 우리의 피난처시리로다 (시 62:8)

2장
위로부터 임하는 하나님의 은혜

열심과 공허함은 정비례

확실하게 다양한 방법으로 하나님은 나에게 자신의 살아계심을 나타내셨다. 믿지 않을 수 없었다. 하나님께서는 질병의 치유뿐만 아니라 내 안의 가치관을 새롭게 하셨다.

내가 누구인지, 왜 살아야 하는지, 삶의 목적은 무엇인지, 그 이유가 무엇인지에 대한 답을 주셨다.

'하나님의 자녀로서 하나님의 영광을 위해 영원한 천국을 향해 나는 살아간다.'

과거 내가 추구했던 땅의 가치들이 아니었다. 이것은 진리였다. 진리가 나를 자유롭게 했기에 더는 방황할 이유가 없었다. 선택의 연속인 인생 가운데 절대적인 기준이 세워지니 그 길로 걷기만 하면 됐다.

나는 하나님의 영광을 위해 쓰임 받고 싶었다.

'하나님, 제 생명을 드립니다. 하나님의 영광을 위해 써주세요.'

예수께서 이르시되 내가 곧 길이요 진리요 생명이니

나로 말미암지 않고는 아버지께로 올 자가 없느니라 (요 14:6)

나는 하나님의 영광을 위해 살아가려고 노력했는데 안타깝게도 그것은 인간적인 나의 열심으로 귀결됐다. 고등학생 때부터 나는 열심이 특심으로 신앙생활을 했다. 새벽예배를 드리고 등교했는데 집사님들이 자녀 소원 예물을 드릴 때 나 혼자 '가족구원'이란 기도제목을 적어 헌금을 드렸다.

담임 목사님께서 기도제목을 읽어 주셨는데 나를 보는 집사들은 내가 안쓰럽다며 중보기도를 해주시곤 했다. 나는 교회의 모든 행사 및 예배에 빠짐없이 참여하려고 노력했고 학생부 회장과 찬양 팀 리더로 섬기며 바쁘게 교회 생활을 했다.

어느덧 고3 수능을 마치고 대학에 진학했다. 대학에 가니 더 바빴다. 선교단체와 기독 합창단에 가입했는데 새벽예배, 수요예배, 토요청년예배, 주일예배, 월, 금 선교단체 예배 등 일주일에 예배를 10회 이상 드렸다. 그렇게 하는 것이 신앙생활을 잘하고 하나님께 영광 돌리는 방법이라고 생각했다.

아니, 그렇게 배웠기에 그것이 맞는 줄 알았다.

그런데 문제가 하나 있었다. 열심이 특심으로 예배하고 교회와 선교단체, 합창단을 섬겼는데 내 마음이 말라가고 있었다. 섬기면 섬길수록, 열심을 내면 낼수록 마음의 공허함은 커져만 갔다.

'열심히 주를 섬긴다고 노력했는데 왜 내 마음이 공허하지?'

내면에서 올라오는 갈등과 질문이 끊이지 않았다.

공허함 가운데 드는 질문, 그리고 질문에 대한 답을 얻지 못해서 오는 갈증이 쳇바퀴 돌며 나를 괴롭혔다.

나는 이런 생각을 했다.

'분명히 무엇인가 더 있을 텐데 내가 아는 것이 전부가 아닐 텐데……. 하나님인데……. 이런 갈급함이 신앙생활이 아닐 텐데…….'

내가 증언하노니 그들이 하나님께 열심이 있으나

올바른 지식을 따른 것이 아니니라

하나님의 의를 모르고 자기 의를 세우려고

힘써 하나님의 의에 복종하지 아니하였느니라 (롬 10:2-3)

그러나 누구도 답을 주지 못했다. 교회 목사님께 질문하면 예배에 더 열심히 참석하라고 하셨다. 지금도 열심인데 더는 낼 열심이 없었다. 그 이상의 열심은 신학교에 진학하는 것이었다.

기도와 말씀을 더 하라고 하셨다. 그것을 누가 모르나? 그 당시 나는 방언 기도를 못했기 때문에 오랜 시간 집중해서 기도 할 수 없었다. 우리말로 기도하는 것도 어려웠는데 나의 소원, 가족구원, 나라와 민족, 세계 평화와 예수님 재림까지 기도하면 정확히 10분이 걸렸다. 그 이상 할 말이 없었다. 기도를 오래 하고 싶어도 우리말로 기도를 오래 하기에는 어려움이 있었다. 기도하며 매번 울기나 했지 집중해서 기도할 실력이 없었다. 또한, 성경 말씀이 굉장히 어려웠다. 시편, 잠언 말씀은 이해됐는데 가르침 없이 성경을 혼자 읽는 것 자체가 부담이었다.

파편적인 제자 훈련으로는 성경을 이해하는 데 어려움이 있었다. 성경을 통전적으로 이해할 수 있는 양육이 필요했다.

일반 대학을 다니며 법을 공부하는 학생이 성경 연구에 시간을 내기에는 현실적으로 무리가 있었다.

나는 바쁜 일정으로 지치기 시작했고 교회 나가는 것도 예전만큼 즐겁지 않았다. 의무적으로 예배에 참석하니 은혜가 될 리 없었다. 내 마음은 점점 말라가고 있는데 교회에서는 여러 행사에 나를 불렀다. 일하라고! 일! 일! 이대로 더는 안 되겠다 싶었다. 목마른 갈증 속에 1년이란 시간이 지나갔다. 나에게 생수가 절실히 필요했다.

너희가 이같이 어리석으냐

성령으로 시작하였다가 이제는 육체로 마치겠느냐 (갈 3:3)

성령님 임하시옵소서

2010년 3월 손기철 장로님을 강사로 모신 대전 침례교 연합 부흥 집회가 있었다. 안내 포스터를 보고 내가 처음 한 생각은 '장로가 집회를 인도해, 병 고친다는데, 말씀은 좋으려나?'였다. 교만이었다.

그러나 내 생각과는 다르게 교회 성도님들이 많이 참석하셨다. 대학 청년부에서도 참석했는데 나는 '교만' 때문에 참석하지 않았다. 장로님에 대해 모르는 것도 있었지만 '장로'라는 직분에 거부감이 있었다.

너희의 전통으로 하나님의 말씀을 폐하는도다 (마 15:6)

주일이 됐다. 목장모임 시간이 됐는데 나눔 주제는 온통 연합 집회 이야기뿐이었다. 집회에 참석한 형 누나들이 흥분하며 받은 은혜를 나누었다.

"태훈아, 다리 길이가 맞지 않는 사람이 있었는데 다리 길이가 똑같이 됐어!"

"태훈아, 말씀이 진짜 좋아!"

"태훈아, 기적이 많이 일어났어!"

"태훈아, 너도 꼭 갔어야 했는데 아쉽다."

목장 식구 중 나만 가지 않았나 보다. 모두 나를 향해 집회에서 받은 은혜들을 나누었다. 애기만 들어도 흥분이 됐다.

'갔어야 했는데……'

후회 됐다.

당시 섬기던 교회는 주일 저녁 예배가 끝나면 밤 9시였다. 나는 저녁 예배를 마치자마자 집으로 와서 컴퓨터를 켰다.

'손기철'을 검색했고 컴퓨터 앞에 앉아서 예배를 드렸다.

말씀을 듣는 내내 가슴이 두근두근 거렸다. 말씀이 어려워서 모두 이해할 수 없었지만, 말씀에 깊이가 있었다. '이렇게 하십시오'의 설교가 아니었다.

본질을 전하셨고 본질로 말미암아 되게 하는 설교였다.

말씀을 듣는 동안 완악한 내 마음이 깨지기 시작했다.

설교가 끝나고 기도 시간이 됐다.

"다 같이 자리에서 일어나서 기도하겠습니다."

영상 속에서 일어나라는 장로님의 말씀이 들렸다.

'집인데 일어나야 하나?'

라는 생각이 들었지만 순종하는 마음으로 자리에서 일어났다.

회개 기도를 인도하셔서 기도를 따라 했다. 이어지는 기도시간, 지금껏 들어보지 못한 내용의 기도가 들려왔다.

"이제 제가 성령님의 임재를 위해 기도하겠습니다. 기도하지 마시고 기도를 받으시기 바랍니다."

"뭐라고? 성령님의 임재?"

"성령님, 임하시옵소서."

그때였다. 갑자기 내 머리부터 발끝까지 온몸에 강한 진동이 발생했다.

'어! 어! 어! 뭐야 왜 이러지?'

내 몸을 제어할 수 없는 강한 진동과 함께 내 몸이 저절로 뛰기 시작했다. 5분 정도 시간이 지나고 몸의 진동과 뛰는 현상이 멈추었다.

아마 그 당시 부모님께서 나를 보셨다면 놀라셨을 거다. 그만큼 강한 진동이었다.

그가 서신즉 땅이 진동하며 (합 3:6)

빌기를 다하매 모인 곳이 진동하더니
무리가 다 성령이 충만하여
담대히 하나님의 말씀을 전하니라 (행 4:31)

나는 내게 일어난 일들이 무엇을 의미하는지 알지 못했다. 그러나 세상이 줄 수 없는 기쁨과 평안함이 내 마음에 가득했고 내면의 기쁨이 얼굴의 환한 웃음으로 나타났다. 정확히 모르지만 좋은 일이 생긴 것이 분명했다. 악한 영의 장난인가? 라는 생각이 들기도 했지만 전에는 경험한 적 없는 기쁨과 평안함이 가득했기에 의심할 이유가 없었다. 이것이 천국인가 싶었다.

하나님 나라는 먹는 것과 마시는 것이 아니요
오직 성령 안에 있는 의와 평강과 희락이라 (롬 14:17)

월요일 1교시 수업을 이기신 성령님

나는 개인적으로 학교를 좋아하지 않는다. 중학교 이후부터 학교가 체질적으로 맞지 않았다. 고등학교에 복학해서 다니는 삼 년 내내 나는 날마다 자퇴를 고민했다. 졸업하는 그 날도 후회한 것 중 하나는 학교를 열심히 다니지 않고 공부를 열심히 하지 않았던 것이 아니었다. 자퇴하지 않은 것에 대한 후회였다.

그랬던 내가 월요일 1교시를 맞이하는 주일 늦은 밤에 행복해서 웃고 있었다.

분명 좋은 의미로 제정신이 아니었다.

평소의 나와 달리 월요일 아침을 웃음으로 맞이했다. 눈을 떴는데 너무나도 행복하고 기뻐서 가만히 있을 수가 없었다.

샤워하는데 나도 모르게 콧노래가 흘러나왔다. 어젯밤 드린 예배와 그 이상한 체험(?)으로 내가 변해 있었다.

등교하기 위해 문을 나섰는데, 기분이 상쾌하고 가벼운 발걸음에 다시 한번 놀랐다. 그때 담임 목사님의 간증이 생각났다.

"성령 체험을 하면 구름 위를 걷는 것 같습니다."

말 그대로 구름 위를 걷는 기분이었다.

아침에 피곤한 상태로 등교하다 보면 지저귀는 새소리도 짜증 날 때가 있다.

그런데 까치들이 짖어대는 소리가 전혀 시끄럽지 않았다. 까치의 짖어대는 소리가 피조물이 하나님의 영광을 찬양하는 소리로 들렸다.

'맙소사! 이게 뭐야?'

나무에 앉아 짖어대는 아니, 하나님을 찬양하는 까치를 넋 놓고 바라보았다.

바람에 움직이는 나뭇잎들이, 내리쬐는 아침 햇살이, 하늘의 구름이 모두 하나님을 찬양하고 있었다.

여호와여

주의 기이한 일을 하늘이 찬양할 것이요 (시 89:5)

해와 달이 그를 찬양하며

밝은 별들아 다 그를 찬양할지어다 (시 148:3)

이게 무슨 일이란 말인가? 난생처음 경험하고 들려지는 소리에 놀라웠다. 목사님들의 간증에서나 들었던 일들이 나에게 일어났다.

한주 내내 날마다 기쁘고 행복했다.

얼마나 좋았으면 잠들기 전 이 기쁨이 사라지지 않게 해달라고 기도했을까?

세상이 줄 수 없는 평안과 기쁨이었다. 분명 나에게 좋은 일이 생긴 것이 확실했다.

하루는 대학교 강의 시간에 우울증 테스트를 했다. 질문이 수십 가지는 됐는데 나는 단 한 가지의 질문에도 부정적으로 답하지 않았다. 이른 시간에 제출하고 나가려 하니 교수님께서 물으셨다.

"똑바로 작성한 거 맞니?"

"네, 교수님. 저는 예수 믿는 학생인데 요즘 너무 행복합니다."

만약 우울증 테스트를 한 주 전에 했으면 부정적인 대답이 절반은 됐을 것이다.

그런데 어떻게 단 하나의 질문에도 부정적으로 대답하지 않을 수 있었을까?

그 답은 오직 '성령님'이다.

지금도 기억나는 질문이 하나 있다.

'미래에 대한 두려움이 있는가?'

이 질문이 기억에 남는 이유는 한 주 전까지만 해도 정말 미래가 두려웠기 때문이었다. 고등학교 문과 출신에 지방대였다. 수능 시험도 어려웠는데 공무원 준비는 엄두가 나지 않았다. 로또를 맞지 않는 이상, 내 인생이 뻔해 보였다.

하나님을 믿고 신앙생활 한다고 해도 현실은 현실이었다. 꿈은 있었지만 현실과 꿈의 괴리가 너무나도 컸다.

법학과에 재학 중이었는데 군대 다녀온 선배들이 열에 여덟아홉은 공무원 준비를 했다. 선배들의 모습이 나의 모습이 될까 두려웠다. '뭐 해 먹고 사나?'라는 고민이 늘 있었다. 하늘의 나는 새도 하나님이 먹이신다는데 새도 믿음으로 날갯짓은 하지 않나? 라고 반문하던 나였다. 그랬던 내가 '미래에 대한 두려움이 있는가?'라는 질문에 '아니오'라고 답하고 당당하게 나왔다. 나의 힘과 감정으로 된 일이 아니었다.

성령 체험을 하니 담대해지고 자신감이 생겼다. 하나님이 나를 쓰실 것이라는 강한 확신이 생겼다. 문과 출신 지방대가 문제가 아니었다. 하나님의 영에 감동되느냐 세상 신의 생각에 사로잡히느냐의 문제였다. 문과 출신 지방대가 성령님으로 현실을 돌파했다.

·여호와의 말씀이니라
너희를 향한 나의 생각을 내가 아나니

평안이요 재앙이 아니니라

너희에게 미래와 희망을 주는 것이니라 (렘 29:11)

주일 저녁에 경험한 성령 체험이 나의 인생을 송두리째 바꾸어 놓았다. 공허하고 갈급했던 모든 것들이 사라지고 신앙생활의 기쁨과 자유함이 회복됐다.

나의 열심으로 주를 섬기는 것을 멈추니 하나님의 열심이 나에게 이루어졌다. 하나님이 나를 통치하시고, 나를 통해 일하셨는데 주체가 내가 아니라 성령님이셔서 신앙생활이 어렵지 않았다.

주를 섬기려고 애쓰면 애쓸수록 갈급했던 내 마음이, 행함이 아닌 그리스도 안에서 존재만으로 충만해 지는 것을 경험했다.

나는 성령님을 만나기 전 신앙생활을 한 것이 아니었다. 나의 열심으로 주를 섬기는 종교생활을 했던 것이었다.

육신을 따르지 않고 그 영을 따라 행하는 우리에게

율법의 요구가 이루어지게 하려 하심이니라 (롬 8:4)

내가 예수를 죽였구나

한 주가 지났다. 토요일 대학 청년부 예배를 위해 집을 나섰다. 어김없이 찬양 시작과 함께 눈물이 쏟아졌는데 슬픔이 아닌 기쁨과 감사의 눈물이었다.

그 순간이었다. 예수님이 빛으로 나를 찾아오셨다. 빛 되신 예수님이 나의 모든 것을 비추시기 시작했다.

예수께서 또 말씀하여 이르시되

나는 세상의 빛이니 (요 8:12)

세상의 그 어떤 빛보다 밝은 빛이었다. 사도 바울이 빛을 보고 눈이 멀었다는 말씀이 경험으로 깨달아졌다.

빛이 나를 비추기 시작하니 내가 죄인이란 사실이 깨달아졌다. 빛이 나의 뼛속까지 비추니 죄가 드러났고 내가 예수님을 죽였다는 사실이 믿어졌다.

예수님 앞에 무릎을 꿇었다.

'예수님, 제가 무엇이길래 이 벌레 같은 나를 위해 잔인하게 돌아가셨습니까? 감사합니다. 주님 구원해 주셔서 감사합니다. 제 평생 주님을 떠나지 않게 하시고 주님을 더 깊이 알아가게 하소서. 구원해 주셔서 감사합니다.'

나는 통곡을 하며 예수님을 영접했다. 그렇게 나는 구원을 받았다.

예수는 우리가 죄를 범한 것 때문에 내줌이 되고

또한 우리를 의롭다 하시기 위하여 살아나셨느니라 (롬 4:25)

부끄러운 고백이지만 그 당시 나는 예수님을 믿는다고 착각하고 있었다. 교회를 다니니까, 그 누구보다 교회 활동에 적극적이니까, 여러 기적과 은혜를 체험했으니까 등 구원을 나의 행위로 증명하려고 했었다.

사실 구원 받기 전 나는 내가 죄인이란 사실과 예수님의 십자가 사건이 믿어지지 않았다.

나는 죄인이란 설교를 들을 때마다 거부 반응을 보였다.

'그렇지, 내가 죄인이지. 그런데 내가 왜? 나는 술도 마시지 않고 담배도 피우지 않고 착하게 살려고 몸부림치는데 내가 왜 죄인이야?'

나의 기준에서, 나의 행위는 의로우니까 죄인이 아니라는 것이었다. 예수 그리스도의 피의 공로가 아니라 나의 기준에서 착하게 살았으니 나는 의롭다는 악한 태도였다.

내가 하나님 자리에 앉아서 선악을 판단하고 있었다.

그동안 속고 있었다. 악한 영은 나를 교회에 가지 못하게 방해했었는데, 교회 가는 것을 막지 못하자 이번에는 나의 열심으로 온 힘을 다해 종교 생활을 하도록 속여 왔다.

나는 나의 선한 행위로 하나님을 섬길 수 있다고 착각했다. 나의 열심과 행위가 하나님을 대적하는 것임을 알지 못하고 목사님과 집사님들에게 칭찬받으니까 신앙생활 잘한다고 속고 있었다. 그러나 의롭게 되는 것은 나의 선한 행위가 아니라 오직 예수 그리스도를 믿음으로 얻는 것이다.

사람이 의롭게 되는 것은

율법의 행위로 말미암음이 아니요

오직 예수 그리스도를 믿음으로 말미암는 줄 알므로

우리도 그리스도 예수를 믿나니

이는 우리가 율법의 행위로서가 아니고

그리스도를 믿음으로서 의롭다 함을 얻으려 함이라

율법의 행위로써는 의롭다 함을 얻을 육체가 없느니라 (갈 2:16)

그 당시 나는 창세기부터 요한 계시록까지의 모든 성경이 믿어졌다. 천지 창조도 믿어지고 노아의 홍수도 믿어졌다. 천국 지옥도 믿어졌는데 예수님의 십자가 사건만 믿어지지 않았다.

예수님이 우리의 죄를 위해 십자가에서 돌아가셨다는 설교를 들을 때면 내 머리와 마음에서 온갖 의심이 생겼다.

'하나님은 모든 것이 가능하신데 죽으시면서까지 구원하시지? 정말 사실일까?'

하나님이 살아계신 것은 경험으로 알겠는데, 정작 복음의 핵심인 예수 그리스도의 십자가 사건이 믿어지지 않았다.

십자가 설교를 들을 때마다 내 안에는 심한 내적 갈등이 있었다.

의심이 생길 때마다 나 스스로 이렇게 말하곤 했다.

'아냐 난 믿어 난 예수님 믿어 난 예수님 믿어 사단아 물러가라'

그러나 그것은 나의 신념이었지, 그 이상도 그 이하도 아니었다. 지금 생각해 보면 나는 유대인과 같은 종교생활을 하고 있었다. 유대인들이 하나님은 믿되 예수님을 메시아로 믿지 않는 것처럼 나도 그랬던 것이다.

믿으려고 애를 써도 믿어지지 않던 예수님이 내 앞에 나타나셨다. 그리고 구원의 은혜를 주셨다. 나는 무릎을 꿇고 예수님을 내 인생의 구원자요 주님으로 영접했다. 그때 나는 진짜 구원받았다.

시간이 흐른 뒤 나는 의문이 하나 생겼다.

예수님도 믿지 않았는데 경험했던 수많은 은혜가 처음에는 굉장히 혼란스러웠다. 그런데 하나님의 은혜로 불신자도 치유를 경험하는 것을 우리는 볼 수 있다. 그리고 불신자들도 성령 체험을 할 수 있다. (불신자인 나의 아버지도 나의 기도를 받으시고 질병의 치유와 성령의 체험을 하셨다. 그러나 예수님은 믿지 않으신다)

사복음서에 기록된 허다한 무리처럼 예수님의 임재를 경험하고 수많은 기적을 경험했음에도 불구하고 주님을 믿지 않았던 그들이 나였다. 내가 허다한 무리 중 하나였고 주님을 따라다니니까 믿는다고 착각했던 그들의 모습이 나의 모습이었다.

우리를 구원하시되
우리가 행한 바 의로운 행위로 말미암지 아니하고
오직 그의 긍휼하심을 따라 중생의 씻음과
성령이 새롭게 하심으로 하셨나니 (딛 3:5)

당신은 구원받았는가?

구원은 나의 행위와 노력으로 받는 것이 아니다. 오직 예수 그리스도의 십자가 구속 사건을 통해 은혜로 받는 것이다. 그리고 천하 다른 이름이 아닌 오직 예수그리스도의 이름으로 우리는 구원 받는다.

다른 이로써는 구원을 받을 수 없나니
천하사람 중에 구원을 받을 만한 다른 이름을
우리에게 주신 일이 없음이라 하였더라 (행 4:12)

또한 구원은 교회의 문화에 익숙하고, 예배드리고, 교회의 프로그램에 참여하고, 공동체의 일원이 된다고 받는 것이 절대 아니다.

이 점에서 모태신앙의 약점이 드러난다. 엄마 뱃속에서부터 자신의 의지와 상관없이 교회를 다닌다. 손과 발이 생기기도 전에 교회에 출석하고 기억도 나지 않는 유아세례를 받고 교회의 전통과 문화에 익숙해진다. 오랜 기간 예수님과 하나님에 대해 들으니 내가 구원받았다고 착각하기 쉽다. 하나님을 알고 있다고 속고 있는 것이다.

그러나 모태신앙이든 첫 대로 신앙생활을 하든 구원의 방편은 오직 예수 그리스도를 믿고 거듭나는 것이다. 이것이 구원의 핵심이지만 많은 사람이 놓치고 있는 부분이기도 하다. 왜냐하면, 구원의 무리에 있으니 착각하는 것이다.

과거 고향 교회에서 신앙생활 했을 때의 이야기다. 교회에 친한 동생이 있었는데 내가 그 동생을 보았을 때 동생은 엄마 따라 교회를 다니는 것이지, 예수님을 만난 적이 없었다. 그런데 동생의 어머니인 집사님은 아들이 모태신앙으로 교회에 다녔기 때문에 예수를 믿는다고 하셨다.

하루는 그 동생과 산책을 하며 믿음에 관하여 대화를 나누었는데 얘기를 듣던 동생이 갑자기 불신 고백을 했다.

"형, 나는 사실 예수님이 안 믿어져. 믿고 싶은데 안 믿어져."

이것이 예수님을 만난 적 없는 모태신앙의 폐해다. 교회의 전통 가운데 예배하고 사고 치지 않고 착하게 교회만 다니면 구원받았다고 착각하는 것이다.

집사님께서 이 동생이 예수님을 믿는다고 말씀하셨던 근거는 예수님을 입으로 시인했다는 것이다. 그런데 여기서 중요한 한 가지가 빠졌다.

사람이 마음으로 믿어 의에 이르고
입으로 시인하여 구원에 이르느니라 (롬 10:10)

입으로 시인하기 전에 마음으로 믿는 것이 우선이다. (믿음 없이 고백하는 것은 앵무새와 차이가 없다) 여기서 우리가 중요하게 짚고 넘어가야 할 것이 하나 있다. 예수님을 믿는다는 것이 우리의 상식과 이성으로 가능할까? 우리가 믿음을 잠시 내려놓고 성경을 생각해 보자. 우리가 이성의 눈으로 성경을 읽으면 성경은 해리포터를 뛰어넘는 최고의 판타지 소설이다. 우리의 상식과 이성으로는 믿으려고 노력해도 믿을 수가 없는 것이 성경이다.

그래서 구원이 오직 은혜이다. 오직 하나님의 은혜가 우리 마음에 부어질 때 예수는 주님이시오 살아계신 하나님의 아들이라 고백할 수 있다. 할렐루야!

신대원 강의 시간에 들었던 얘기가 있다. 어떤 교회는 교회 안에 불신자가 있다고 한다. 재미있지만 참 정확한 표현이 아닌가 싶다. 교회에 다니는 불신자의 불신 고백은 굉장히 양심적이었다.

"나는 아직 예수님을 만나지 못했습니다. 그래서 저는 교회 안의 불신자입니다."

나는 구원 받았는가? 진지하게 점검해야 하는데 예수님을 인격적으로 만난 경험이 없다면 나의 구원을 의심해봐야 한다.

우리가 교통사고를 당해도 몸과 마음에 상처를 입는다.

교통사고도 우리에게 흔적을 남기는데 하물며 복음을 만난 흔적이 없을까?

창조주 하나님이 나를 구원하시기 위해 이 땅에 독생자를 보내어 죽이셨다. 오직 나의 구원을 위해! 이 충격적인 사실 앞에 우리가 예수님을 만난 경험이 없고 복음 앞에 나의 반응이 없다면 나의 구원을 겸손한 마음으로 점검해 봐야 한다.

너희는 믿음 안에 있는가

너희 자신을 시험하고 너희 자신을 확증하라

예수 그리스도께서 너희 안에 계신 줄을

너희가 스스로 알지 못하느냐

그렇지 않으면 너희는 버림받은 자니라 (고후 13:5)

방언을 말하다

나는 구원 받았다는 감격에 눈물이 멈추지 않았다.

인간의 이성을 초월하는 신적인 은혜가 임하니 감당하기 어려워 몸이 부들부들 떨렸다. 내가 죽인 예수님이 나를 구원하셨다. 나를 구원하시기 위해 기쁨으로 돌아가셨던 주님의 마음이 느껴졌다. 충격이었다. 하나님의 사랑이 파도처럼 밀려오니 하염없이 눈물이 났다. 복음에 정면으로 부딪치니 가만히 있을 수가 없었다. 내가 부서지는 것 같아 온 마음과 온몸으로 주님을 영접했다. 나 같은 죄인을 살리신 주 은혜가 놀라웠다. 머리로 불렀던 찬양의 가사가 나의 삶에 이루어졌다. 머리가 아닌 성령으로 새로워진 마음으로 주님을 찬양했다. 한 소절 찬양하고 울고, 찬양하기를 반복했다.

믿음의 주요 또 온전하게 하시는 이인 예수를 바라보자

그는 그 앞에 있는 기쁨을 위하여 십자가를 참으사

부끄러움을 개의치 아니하시더니

하나님 보좌 우편에 앉으셨느니라 (히 12:2)

그때였다. 찬양을 부르고 있는데 저 멀리 앉아 있던 영주 누나의 방언 소리가 들렸다.

'랄랄랄라라라라라'

'하나님, 나도 방언하고 싶어요.'

울며 찬양하던 나는 누나의 방언 소리를 듣고 방언을 말하고 싶다고 기도했다. 정확하게 말하면 스쳐지나가는 생각이었는데 그 순간 바로 나는 방언을 말하게 됐다.

'콸리시 콰이아 왈리시'

영에서부터 혀로 방언 기도가 밀려 올라왔다. 나도 모르는 언어로 영이 기도하기 시작했다.

그날의 기억은 지금도 잊을 수 없다. 왜냐하면, 거듭남과 방언은사를 동시에 받은 날이기 때문이다.

> 그들이 다 성령의 충만함을 받고 성령이 말하게 하심을 따라
> 다른 언어들로 말하기를 시작하니라 (행 2:4)

기쁜 마음으로 집에 돌아와 침대에 누워 방언을 말했다.

방언으로 기도하는 것이 너무나도 행복했다. 내 안의 충만한 기쁨 가운데 성령님을 의지하며 기도했다. 얼마나 기도했을까? 방언 기도가 바뀌기 시작했다. 일정 시간 방언으로 기도하면 소리가 계속 바뀌었고 마지막에 영어로 방언 기도가 나왔다.

나는 영어를 말하지 못하는데 내 혀가 영어를 말하고 있었다. 드문

드문 들리는 단어가 있었다.

우리가 우리 각 사람이 난 곳 방언으로
듣게 되는 것이 어찌 됨이냐 (행 2:8)

그러나 마지막 문장은 해석할 수 있었다.
'나의 영혼이 하나님을 찬양합니다. 할렐루야! 할렐루야!'
그때 말했던 '할렐루야'의 발음은 내 것이 아니었다. 지금도 그렇게
말하지 못한다.
내 영혼이 구원하신 하나님의 은혜와 그분의 영광을 찬양하고 있
었다. 하나님을 찬양하며 기도했고 그분의 사랑 안에 안식을 누리는
밤이었다. 나의 인생에서 그리스도 안에 있는 인생으로 변화된 밤이
었다.

나의 영혼아 여호와를 송축하라
내 속에 있는 것들아 다 그의 거룩한 이름을 송축하라 (시 103:1)

3장
은혜 안에서
하나님과 동행하기

하나님과 동행하기

구원받았고 성령의 충만함 가운데 방언을 말하게 됐다. 사도행전의 역사가 나에게 이루어지며 삶이 180도 변했다.

놀라운 것 중 하나는 성령을 따라 행할 때 말씀의 실체가 삶 가운데 경험된다는 것이었다.

내가 주체가 되어 말씀을 지키려고 애쓴 것이 아니었다. 성령의 충만함 가운데 매일의 삶을 인도받으니 자연스럽게 말씀이 이루어졌다. 내가 말씀을 지킨 것이 아닌 성령님이 나를 통해 그 분의 뜻(말씀)을 이루셨다.

비유하면 이렇다. 20층 아파트를 계단으로 오르는 것과 엘리베이터를 타고 올라가는 차이였다. 올라가는 것은 같지만 내가 올라가느냐 엘리베이터가 나를 태우고 올라가는 것의 차이였다. 내가 올라가면 힘들지만, 엘리베이터를 타고 올라가면 쉽다. 이것이 내가 주체가 되어 사는 삶과, 성령님과 동행하는 삶의 차이다. 20층에서 만나는 것은 같지만, 그 시작과 과정은 하늘과 땅 차이다. 하늘의 뜻이 나에게 이루어지느냐, 땅의 열심으로 하늘에 오르려고 몸부림치느냐의 차이었다. 시작의 주체가 다르니 과정도 결과도 다를 수밖에 없었다. (엄밀히 말하면 내가 오르면 20층에 도달할 수도 없다)

무릇 하나님의 영으로 인도함을 받는 사람은
하나님의 아들이라 (롬 8:14)

나는 성령님과 동행하는 삶을 훈련하기 시작했다. 육신의 생각대로 행동하는 것이 아닌 성령님이 주시는 감동대로 말하고 행동하는 법을 훈련했고, 그것이 성경 말씀에 일치하는 감동인지 늘 분별하려고 애썼다.

성령님이 전도하다

성령 충만 받고 나의 삶 가운데 일어난 변화 한 가지는 바로 '전도'였다. 공강 시간만 되면 누가 시키지 않아도 캠퍼스를 돌아다니며 복음을 전했다. 내 안에 복음에 대한 열정이 불탔는데 예수님을 전하지 않으면 답답해서 견딜 수가 없었다.

내가 다시는 여호와를 선포하지 아니하며

그의 이름으로 말하지 아니하리라 하면

나의 마음이 불붙는 것 같아서 골수에 사무치니

답답하여 견딜 수 없나이다 (렘 20:9)

나는 대학에서 DFC라는 선교단체 활동을 했다. 마침 내가 전도에 열심을 내던 시기가 대전 지역 DFC 캠퍼스 전도 시즌이었다. 대전 지역 수백 명의 DFC 학생 중 내가 전도를 가장 많이 했다. 상품을 보고 전도한 것도 아니었고, 누가 시켜서 한 전도도 아니었다.

성령님이 나를 전도의 현장으로 이끄셨다. 전도는 성령님이 하셨고 나는 그저 순종하기만 하면 됐다.

내가 다니고 있는 캠퍼스뿐만이 아니었다. 아르바이트와 강의 시간을 조절하고 목요일에는 목사님과 대전 지역 캠퍼스를 돌며 전도했다. 누가 보면 미쳤다, 적당히 하라고 말할 수 있었다. 스펙 쌓고 취업 준비할 시간에 전도하러 다니는 내가 제정신으로 보이지 않을 수 있었다. 그러나 나는 무엇이 본질이고 무엇이 중요한 것인지 알았다. 영원한 것을 위해 오늘을 투자하는 것이 최고의 스펙임을 알고 있었다. 하나님과 함께 동행하던 스토리가 세상의 스펙을 이기는 것을 알았다. 불안할 때도 있었지만, 시간을 아끼며 대학 시절을 보냈다.

아르바이트 하면서도 나의 전도는 쉼이 없었다. 장난감 사격장에서 아르바이트를 했는데 오락실 안에 있었다.

장소가 오락실이었기 때문에 학생들이 많이 왔고 전도하기 좋은 어장이었다.

아이들이 오락실에 들어오면 내가 있는 자리를 지나야 했다. 학생들 특성상 집단으로 몰려다녀서 전도 효율이 높았다. 내 자리에 있는 수많은 인형과 상품들이 아이들의 눈을 끌었다. 아이들과 자연스럽게 대화를 하며 복음을 전했다.

"얘들아, 서비스 줄 테니까 내 얘기 한번 들어볼래?"

"네."

"얘들아, 하나님이 살아계셔."

눈가가 촉촉해지며 영접기도를 하는 친구들도 종종 있었다. 성령님은 오락실에서도 역사하셨다.

주말이 되면 카페에서 야간 아르바이트를 했다. 나는 사교성이 좋아서 모르는 사람과도 편하게 말하는 재주가 있다.

그래서 특히 여자 손님들과 대화하고 복음 전하기가 쉬웠다.

왜냐하면, 여자 손님들은 주민등록증 검사와 '동안이시네요?'라는 칭찬 한마디면 열에 아홉은 입구에서부터 쉽게 마음 문을 열었기 때문이다. 어쩜 그렇게 다들 천사가 되는지 놀라웠다.

음료 서빙을 하며 죄송하다는 멘트와 함께 초콜릿을 드리고 자연스럽게 자리에 착석해서 대화를 나누었다.

자리에 착석하면 이런저런 얘기를 하며 복음을 전했다.

'제가 원래 자살하려고 했어요. 그런데 하나님 만나고 인생이 변했어요. 하나님은 살아계십니다.'

영혼에 대한 안타까움이 있었다. 내가 사랑하는 주님이 나를 사랑하신 분량만큼 저들을 사랑하시고 그들의 구원을 위해 죽으셨는데 어찌 복음을 전하지 않을 수 있을까? 귀찮고 부담될 때도 있었다. 수치를 받고 자존심이 상할 때도 있었지만 오직 예수님을 생각하며 복음을 전했다. 나의 힘으로 전한 것이 아닌 성령의 감화였고 인도하심이었다.

대학을 다니는 동안 약 1000명의 학생에게 복음을 전했다. 그들의 삶 가운데 어려운 일이 닥쳤을 때 나를 통해 들었던 복음의 내용이 생각나서 하나님을 찾길 기도한다. 복음은 성령님이 전하셨다.

> 그들이 날마다 성전에 있든지 집에 있든지
> 예수는 그리스도라고 가르치기와 전도하기를
> 그치지 아니하니라 (행 5:42)

쉬지 말고 기도하라

우리는 부흥회나 수련회를 통해 은혜를 받는다. 뜨겁게 주님을 만나고 성령 충만도 경험하며 주님을 위해 삶을 헌신한다고 기도한다. 하지만 우리의 현실은 어떠한가? 받은 은혜가 길어야 일주일 정도 간다. 내가 그랬다. 모두 공감하는 이야기일 것이다. 조금 전까지 은혜 받고 뜨거웠는데 주차장에서 받은 은혜의 반은 쏟는다. 집에 돌아와 습관적으로 TV를 켜고 전과 같은 일상으로 돌아간다. 며칠이 지나면 과거의 나와 똑같은 나를 보게 된다.

우리가 받은 은혜를 지키지 못하는 이유는 무엇일까? 그것은 바로 '기도의 부재'이다.

방언 은사를 사모했던 나는 방언 은사가 있음에도 기도하지 않는 사람들을 의아하게 생각했다. 기도를 오래 하고 싶어도 할 수 없었던 나에게 방언으로 기도하시는 분들은 늘 부러움의 대상이었다. 오래, 그리고 능력 있게 기도하고 싶었지만, 방언 은사가 없으니 기도하는 것이 힘들었다.

방언 은사를 주신다면 '혀가 마르고 닳도록 기도 하겠다'고 늘 하나님께 구했다. 금식하며 기도했는데도 받지 못했던 내가 마침내 방언 은사를 받았다.

그렇게 받고 싶던 방언 은사를 받은 나는 바로 다음 날부터 시간이 있는 대로 방언 기도를 했다. 방언으로 기도하니 힘이 들지 않았고 즐거웠다. 새벽에 일어나서 등교하기 전까지 기도했다. 공강 시간에 기도실에 가서 기도했고 하교 후 교회 골방에 들어가 수 시간을 기도했다. 기도하는 그 시간이 참으로 달콤했다. 자연스럽게 기도의 분량이 쌓여갔다.

17살 옥상에서 구원받고 가장 중요한 나의 기도 제목은 하나님께 쓰임 받는 것이었다.

'하나님, 저를 써주세요. 하나님께 제 생명을 드리겠습니다.'

하나님께 쓰임 받는 인생이 되고 싶었다.

곰곰이 생각해보니 기독교 역사와 성경을 봐도, 목사님 설교를 들어봐도 하나님이 쓰시는 사람들은 모두 '기도의 사람들'이었다.

'아~ 하나님께 쓰임 받으려면 기도해야 하는구나?'

쓰임 받고 싶어서 기도했다. 하나님이 나를 어떻게 쓰실지 모르지만 기도 하는 사람이 되어야 쓰임 받을 수 있겠다고 생각했다. 그래서 기도하기 시작했다. 처음에는 매일 5~6시간 정도 기도했는데 시간이 지나니 기도를 더 하고 싶은 마음이 생겼다. 촌음을 아껴도 잠을 줄이는 것 외에는 기도할 수 있는 시간을 확보할 수 없었다.

쉬지 말고 기도하라 (살 5:17)

어떻게 해야 할까? 이런저런 방법을 고민하다 번뜩이는 아이디어가 떠올랐다.

'길을 걸으며 기도를 해보자.'

기도의 제단을 쌓는 시간 외에 삶에서 기도를 해야겠다는 생각이 들어 바로 실천했다. 자리를 잡고 기도하는 것보단 집중도가 얕지만 이동하면서 방언 기도를 할 수 있었고 등하교 시간을 포함하면 약 2시간 정도 기도 시간을 확보 할 수 있었다. 감사했다. 혀가 마르고 닳도록 기도하겠다는 약속을 지키고 있었다. 그렇게 하루 평균 7~8시간 정도 방언 기도를 했다. 나는 알지 못하나 방언으로 기도하면서 하나님과 가까워지고 속사람이 강건해지는 것을 느꼈다.

방언을 말하는 자는 자기의 덕을 세우고 (고전 14:4)

기도로 성령 충만하라

몇 달의 시간이 지났다. 기도를 더 하고 싶은 마음이 생겼다.

어떻게 해야 기도 시간을 확보할 수 있을까? 고민 끝에 답을 내렸다. '성경을 보며 방언 기도를 해보자!'

바로 성경책을 펴서 읽었다. 눈으로 말씀을 읽고 입으로는 방언 기도를 했다. 처음이고 훈련이 되지 않아 성경이 읽히지도, 기도가 되지도 않았다.

어느 정도 시간이 지났을까? 혼적인 영역에서 눈으로 들어오는 정보가 이해되기 시작했다.

그리고 내 영이 하나님을 바라보며 방언을 말하고 있었다.

아침에 눈을 뜨면 제일 먼저 하는 일이 '기도'였다. 좋아하는 찬양을 틀어놓고 기도하면 정신이 또렷해지고 잠이 깼다. 기도하며 샤워를 했고, 등교 준비를 하며 방언을 말했으며, 버스 타러 가는 길에 방언을 말했다. 등교하는 버스에서 성경을 읽으며 방언을 말했고 하교 후 교회 기도실에서 기도했다. 아침에 눈 떠서 자기 전까지 나는 매일 10~12시간 정도 기도 할 수 있게 되었다. 그렇게 온종일 방언을 말하게 됐고 지금도 그 습관을 따라 기도하고 있다. 기도하는 것이 즐겁다 보니 자연스럽게 말수가 줄었다. 의미 없는 말을 하고, 말이 많아 실수하는 것보다 하나님께 기도 한마디를 더 하는 것이 유익이었다. 나는 기도를 통해 혀를 제어하는 훈련을 받았는데 우리말보다 방언을 더 많이 말하니 말하는 것이 부자연스럽게 느껴지기도했다. 마치 대한민국 사람이 외국에 나가 오래 살다 보면 한국어를 말하는 것이 낯설어지는 것과 같은 경험이었다. 나는 말이 많은 사람이었는데 하나님은 기도를 통해 나의 혀에 재갈을 물리시며 인격을 다듬어 가셨다.

> 내가 너희 모든 사람보다 방언을 더 말하므로
> 하나님께 감사하노라 (고전 14:18)

주의해야 할 것은 집중해서 기도하는 시간 외에는 절대 소리를 내서 기도하지 않는 것이다. 질서가 중요한데 내가 말하지 않는 이상 그 누구도 내가 기도하는 것을 알지 못한다. (사실 글을 쓰는 지금도 방언으로 기도하고 있다)

한번은 집회 가운데 아기 우는 소리가 계속 들렸는데 주위를 둘러봐도 아기는 없었다. 나는 귀신의 소리를 듣는다고 생각했는데 사실은 그것이 아니었다. 건너편에 앉아 계시던 어느 분이 말씀 듣는 시간에 소리 내어 방언으로 기도하고 있었다. 보기도 듣기도 좋지 않았다.

또한, 마음과 생각을 늘 하나님께 향하여 방언을 말하는 것이 중요하다. 내 마음과 생각은 세상에 있으면서 기계적으로 방언을 말하는 것은 큰 유익이 없다. 나는 길을 걸으며 방언 기도를 할 때면 마음을 의식적으로라도 하나님을 향하는 훈련을 했다.

'하나님, 오늘 하루도 주님 안에서 좋은 날입니다.'

방언은 영의 기도이기 때문에 영적 세계에 접근이 수월해진다. 중심을 드리지 않고 하는 기도는 중언부언이며 오히려 악한 영에게 틈을 줄 수 있다. 주의해야 한다.

모든 것을 품위 있게 하고 질서 있게 하라 (고전 14:40)

기도가 삶이 되고 삶이 기도가 되다 보니 늘 성령의 충만함을 유지할 수 있었다.

인생이 넉넉히 감당 됐고 삶의 어려움이 하나씩 돌파됐다. 역기능 가정에서 오는 스트레스 때문이라도 기도해야 했고 기도를 통해 마음의 '쉼'을 누릴 수 있었다. 우리가 은혜를 받아도 그 은혜를 지키지 못하는 이유는 기도하지 않기 때문이다. 기도해야 성령 충만 받고, 성령 충만해야 더 깊은 기도의 자리로 나아갈 수 있다. 기도와 성령 충만의 영적 선순환이 삶 가운데 이루어지게 될 때 비로소 하나님 나라의 삶을 경험할 수 있다.

기도는 예수님처럼

나는 사복음서에 기록된 예수님의 기도 모습을 좋아한다.

왜냐하면 예수님이 하신 기도의 모습을 통해 신앙생활과 사역의 본질을 깨달을 수 있기 때문이다.

새벽 아직도 밝기 전에 예수께서 일어나 나가

한적한 곳으로 가사 거기서 기도하시더니 (막 1:35)

무리를 작별하신 후에 기도하러 산으로 가시니라 (막 6:46)

예수의 소문이 더욱 퍼지매 수많은 무리가 말씀도 듣고

자기 병도 고침을 받고자 하여 모여 오되

예수는 물러 가사 한적한 곳에서 기도 하시니라 (눅 5:15-16)

이때에 예수께서 기도하시러 산으로 가사

밤이 새도록 하나님께 기도하시고 (눅 6:12)

예수께서 따로 기도하실 때에

제자들이 주와 함께 있더니 (눅 9:18)

예수님의 기도 생활을 요약하면 이렇다.

하루의 삶과 사역을 시작하기 전에 아무도 없는 한적한 곳에서 하나님과 기도로 독대하셨다. 무리가 몰려와 사역하셔야 하는 상황이었지만 예수님은 그들을 뒤로하고 기도하셨다. 사람을 상대로 하는 사역보다 기도로 하나님과 교제하시는 것이 사역의 본질임을 아셨던 것이다. 사역이 끝난 후 예수님은 기도하셨고, 제자들과 함께 계시면서도 기도하셨으며 기도로 하루를 마무리하셨다. 예수님의 하루는 기도로 시작해서 기도로 마치는 매일이었다. 하나님이신 예수님도 육신을 입고 이 땅에 오셨기 때문에 기도하셨다. 오직 주의 뜻을 이루기 위해서 기도하신 것이다.

누구는 이렇게 반문할 수도 있다.

"예수님이니까 그렇게 기도하셨지."

그러나 '이기는 자'는 반대로 반응한다.

"예수님도 기도에 힘쓰셨는데 나는 얼마나 기도에 힘을 써야 하는가?"

대학교 같은 수업에는 늘 목이 쉰 여학생들이 있었다. 그들은 서로 같은 교회를 다니는 청년들이었는데 기도 하느라 목이 쉬었던 것이었다. 나는 그 청년들이 한여름에 짧은 치마나 짧은 바지 입는 것을 본 적이 없다. 기도하고 성령 충만하니 성령에 이끌리어 삶 가운데 거룩의 열매를 맺는 것이었다. 그리고 그 청년들에게서는 하나님의 생명력이 느껴졌는데 기도의 제단을 매일 쌓았기에 성령 충만했고, 남들과 틀렸다. 그리스도인이 기도하는 것은 옳은 것이고 기도하지 않는 것은 틀린 것이다. 다름의 문제가 아니라 옳고 그름의 문제이며 살고 죽는 문제이다.

내가 10년 전에 받은 성령 충만을 지금도 유지하는 이유는 오직 기도이다. 나는 방언 은사를 받은 후 매일 기도의 제단을 쌓고 있다.

그러니 나에겐 집회나 부흥회나 수련회나 하는 것이 크게 의미가 없다. 집회의 은혜보다 더 중요한 것은 매일의 삶이라는 것을 알기 때문이다. 한 번의 뜨거운 열정보다 중요한 것은 꾸준한 열정이다.

누구나 한 번쯤은 성령의 충만함을 경험했을 것이다. 그때의 감격, 그때의 사랑, 그때의 열정과 순수함은 오직 기도로 회복할 수 있다. 오직 기도만이 살 길이다

··· 기도에 항상 힘쓰매 (롬 12:12)

하나님의 부르심

청년이 가지고 있는 고민 중 빠지지 않는 것이 하나 있다. 그것은 바로 '취업'이다.

초등학교 때 친한 친구의 꿈이 회사원이었다. 어린 나는 친구의 꿈을 비웃었는데 성인이 되고 보니 회사원은 현실적이면서도 이루기 어려운 꿈이었다.

그만큼 취업이 어려운 시대에 우리는 살고 있다. 고성장과 저성장의 사이에 갇힌 20~30대들에게 취업 문제는 하늘의 별을 따는 것보다 어렵게 느껴진다.

20대의 나도 그랬다. 하나님이 쓰실 거란 믿음은 있었다. 내 정신이 아니라 성령님으로 정신을 잡고 있었다. 사람들은 보통 직업을 통해 쓰임 받는데 나는 어떤 직업을 가져야 하나 고민이었다. 믿음으로 기도한다고 하지만 사람이다 보니 문득문득 올라오는 불안함은 어찌할 수 없었다. 기도로 부정적인 생각과 감정은 해결했지만 삶은 현실

이었다. 평범하게 살고 싶지 않은데 현실은 문과 출신 지방대였다. 평범하게 사는 것도 어렵겠다 싶었다. 세상의 기준과 성령님의 기준의 끝없는 싸움이었다.

그렇게 비전에 대한 기도제목을 가지고 나는 여름 수련회에 참석했다.

수련회 셋째 날 아침이었다.

말씀을 전하시는 강사님은 일본에서 사역하시는 선교사님이셨는데 그분의 말씀이 내 가슴을 두근거리게 했다.

"여기에 계신 분 중에 목사님과 선교사님이 나와야 합니다!"

말씀을 듣는 순간 지금까지 경험해보지 못한 거룩한 부담감이 마음 깊은 곳에서부터 올라왔다.

순간 나도 모르게 손사래 치며 하나님께 말했다.

'하나님, 싫어요. 저 목사 하기 싫어요.'

수백 명의 청년이 있었는데 선교사님의 말씀은 나에게 직접 하시는 하나님의 음성처럼 들렸다. 나도 모르게 선교사님의 말씀을 거부했다. 주의 종의 길이 얼마나 힘든지 익히 들어서 알고 있었다.

이제서야 신앙생활이 무엇인지 그 기쁨을 알아가고 있는데 목사는 죽어도 하기 싫었다.

왜 그랬는지 모르지만, 그 당시 나는 신학교는 목사님, 장로님 자녀만 입학할 수 있다고 생각했다.

첫 대로 예수를 믿기 때문에 나는 자격이 되지 않는다고 생각했던 것이다.

나는 돈을 많이 벌어 전 세계에 교회 100개를 건축하고 싶다는 기도를 해왔다. 그런데 목사라니, 말도 안 되는 소리였다. 하나님과 거래(?)를 하기 시작했다.

'하나님, 알겠습니다. 그럼 돈 많이 벌어서 교회 200개 건축하겠습니다. 그러니까 없었던 일로 해주세요. 못들은 걸로 할게요.'

쓰임 받고 싶다고 기도했지 목사 하겠다고는 기도하지 않았다. 굉장히 당황스러웠다. 비전을 달라고 기도했는데 주의 길을 가라니…….

그러나 하나님께서 나에게 직접 하시는 말씀으로 들렸기에 무시할 수도 없는 노릇이었다. 가슴에 큰 돌을 얹어 놓은 것처럼 온종일 마음이 무거웠다.

저녁 집회 전 쉬는 시간, 조용한 곳에서 하나님께 기도했다.

"하나님 저 목사 하기 싫어요. 저한테 왜 그러세요?"

"네가 나를 위해 생명을 바친다고 기도하지 않았니?"

"아……."

하나님의 선명한 감동이 들려왔다. 감동뿐만 아니라 하나님의 마음까지 고스란히 전해졌다.

나는 짧은 탄식과 함께 하나님께 항복할 수밖에 없었다.

많은 목사님이 부르심을 거부하고 세월을 낭비했다는 얘기를 종종 들었다.

싫다고 거부해 봐야 내 손해였다. 주의 길을 가기 싫어 세월을 낭비하기 싫었다.

부르심이 맞으면 지금부터 준비돼서 쓰임 받고 싶었다.

'하나님, 죄송합니다. 하나님 뜻이 맞으면 주의 길을 가겠습니다.'

기도가 끝남과 동시에 마음의 답답함이 사라지고 하나님의 평강이 임했다.

'큰일났다.'

진짜 부르심이 맞았다.

나는 17살부터 옥상에서 구원하신 하나님의 은혜가 너무나도 감사하여 늘 이런 기도를 했었다.

'하나님, 제 생명을 드리겠습니다. 저를 사용하여 주세요.'

지금 생각해보면 이것이 얼마나 위험한(?) 기도인지 그때는 미처 알지 못했다.

아무것도 모르던 어린 내가 무슨 마음으로 6년 가까이 기도했나? 싶은데 나의 소원이 아닌 하나님의 소원이었다. 하나님께서 자신의 기쁘신 뜻을 위하여 내게 소원을 주시고 기도하게 하신 것이다. 사람을 낚는 어부가 되기 전에 하나님의 그물에 먼저 걸리게 되었다.

너희 안에서 행하시는 이는 하나님이시니
자기의 기쁘신 뜻을 위하여
너희에게 소원을 두고 행하게 하시나니 (빌 2:13)

예쁜 상자 속 똥 덩어리

나는 돈을 많이 벌고 싶었다. 그래서 목사님도 도와 드리고 교회에 헌금도 많이 하고 전 세계에 교회를 100개 이상 건축하고 싶었다.

그런 나를 하나님은 주의 종으로 부르셨다.

입장 정리가 필요했다. 하나님의 뜻은 알았으나 세상 영광이 쉽게 포기되지 않았다.

그때 하나님이 나에게 보여주신 것이 하나 있다.

예쁜 네모 상자 속에 똥 덩어리가 들어 있는 장면이었다.

"하나님, 이것이 무엇인가요?"

"나의 영광이란 포장 속에 들어있는 너의 욕심이란다."

그렇다! '하나님의 영광을 위해'라는 그럴싸한 포장 속에 나의 욕심을 이루고 싶었던 것이었다. 잠잠히 내면을 들여다보았다. 왜 교회 100개를 건축하고 싶은가? 그만큼 돈을 많이 벌고 싶었다. 교회 100개 건축이 목적이 아니라 돈이 목적이었다.

돈이라는 욕심을 교회 100개 건축이라는 포장으로 숨기고 있었다. 나도 속았고 사람들도 속았지만, 하나님은 속지 않으셨다. 그럴싸한 명목을 내세웠지만, 그 동기는 이 땅에서 잘 먹고 잘살고 싶은 나의 욕심이었다.

이 세상이나 세상에 있는 것들을 사랑하지 말라

누구든지 세상을 사랑하면 아버지의 사랑이 그 안에 있지 아니하니

이는 세상에 있는 모든 것이
육신의 정욕과 안목의 정욕과 이생의 자랑이니
다 아버지께로부터 온 것이 아니요
세상으로부터 온 것이라 (요일 2:15-16)

하나님 앞에 부끄러웠다. 주님의 영광을 위해 살고 싶다고 기도했는데 예수님의 이름을 이용하여 이 땅에서 부귀영화를 누리고자 했던 나의 욕심을 보게 됐다. 마치 요술램프 지니처럼, 산타클로스처럼 하나님을 섬기는 내 악한 동기를 보게 하셨다.

많은 이방 종교의 믿음이 이렇다. 자기들이 섬기는 신을 달래고 그 계명을 지키어 복을 받기 원한다. 내가 이 땅에서 잘되고 건강하고 복 받기 위해 신이 필요한 것이다. 내가 당신의 명령을 지켰으니 이제 당신 차례라는 것이다. 내가 원하는 복을 달라는 것인데 이것이 give and take의 태도이고, 율법적인 사고방식이다.

과거, 교회에서 강사님을 초청하여 물질에 대한 말씀을 들은 적이 있다. 강의 내용은 굉장히 유익했지만, 나의 마음 한편에는 하나의 어려움이 있었다.

외부 성도들도 많이 보였고 너나 할 것 없이 노트를 들고 강의 내용을 받아 적었다.

내 안에 이런 의문이 생겼다.

'저들이 하나님의 영광을 위해 돈을 벌고 싶은 것인가? 아니면 자신의 영광을 위해 돈을 벌고자 하는가?'

평소에 설교 말씀은 적으며 듣지 않던 사람들이 돈 얘기에 열정적으로 받아 적는 모습에 마음이 어려웠다.

돈은 중요하다. 돈 자체가 악한 것이 아니다. 돈 때문에 타락하기도 하지만 돈을 통해 하나님 나라가 세워지기도 한다. 돈을 사랑하는 마음이 악한 것이지 돈 자체가 악한 것이 아니다. 하나님의 자녀는 이 땅에 임한 하나님의 나라를 위해 돈을 벌고, 쓰고, 흘려보내야 한다. 돈의 주인이 되는 것이 아니라 청지기로서(주인이 맡긴 것들을 주인의 뜻대로 관리하는 위탁 관리인을 말한다) 돈을 사용하는 것이다.

목적은 하나님의 뜻과 영광을 위해서다. 돈을 위한 나의 욕심(세상 명예, 성공 등)을 하나님의 영광이란 포장 속에 숨기고 있지는 않은지 나 자신을 점검해야 한다.

한 사람이 두 주인을 섬기지 못할 것이니

혹 이를 미워하고 저를 사랑하거나

혹 이를 중히 여기고 저를 경히 여김이라

너희가 하나님과 재물을 겸하여 섬기지 못하느니라 (마 6:24)

부르심대로 살아라

인간은 하나님의 영광을 위하여 창조됐다. 나의 욕심을 이루기 위한 육신의 삶이 아니다. 하나님의 통치 가운데 이 땅에 주의 뜻을 이루며 하나님의 영광을 나타내는 자로 우리는 부름 받았다. 하나님의 영광을 위해 살아가기 위해서는 육체의 욕심에 기초한 삶을 내려놓아야 하는데 우리는 오직 '소명'대로 사는 삶을 통해 하나님의 영광을 나타낼 수 있다. 그렇다면 소명이란 무엇일까? 소명이란 하나님의 영광을 위하여 각자에게 의도하신 목적이다.

'노태훈'이라는 고유한 사람이 있다. 나는 하나님의 영광을 위해 창조되었다. 그렇다면 어떤 수단과 방법, 직업을 통해 하나님의 영광을 나타낼 수 있는가를 찾아야 한다.

소명을 찾는다는 것이 말처럼 쉽지 않지만, 소명을 찾을 때 주의해야 할 점 하나는 자신이 좋아하는 일을 찾는 것이 아니라는 것이다. 어떤 일을 할 때 나의 능력 이상의 지혜와 탁월함이 나타나는지, 그리고 그 일을 통해 삶의 보람과 의미가 있는지 점검해야 한다.

내가 좋아하는 일과 소명은 다를 수 있는데 좋아하는 일보단 잘하는 일이 소명에 가까울 확률이 높다. 수학을 못 하는 사람에게 하나님은 수학자가 되라고 하지 않으신다.

하나님께서는 우리를 창조하실 때 우리를 향한 계획도 함께 가지고 계신다. 그리고 그 계획(하나님의 뜻)을 이룰 수 있는 재능을 우리에게 주셨다. 우리가 해야 할 일은 나의 욕심을 이루는 일을 찾는 것이 아니고, 세상의 기준에 맞는 직업을 구하는 것도 아니다. 나의 재능과 은사를 통해 탁월함이 나타나는 영역에서 소명을 발견하는 것이다.

수많은 청년이 공무원 시험을 준비한다.

다 그런 건 아니지만 공무원이 안정적이고 연금이 있기에 많은 청년이 공무원 시험을 준비하는 것이다. 자신의 재능과 부르심과는 전혀 상관없는 태도이다. (그렇다고 공무원이 잘못됐다는 의미는 아니다. 우리 아버지도 공무원이셨다)

이것이 세상이 요구하는 기준에 나를 맞추는 것이다. 그러나 우리 그리스도인들은 세상의 요구가 아니라 하나님의 부르심에 나를 맞춰 나가야 한다.

> 그런즉 너희는 먼저 그의 나라와 그의 의를 구하라
> 그리하면 이 모든 것을 너희에게 더하시리라 (마 6:33)

그렇다면 우리가 소명을 발견하지 못하는 이유는 무엇일까?

그것은 나를 향한 하나님의 뜻과 상관없이 육체의 욕심을 이루기 위해 살고 있기 때문이다. 성경은 '두 사람이 뜻이 같지 않기 때문에 동행할 수 없다'고 말씀하고 있다.

> 두 사람이 뜻이 같지 않은데 어찌 동행하겠으며 (암 3:3)

성령님은 나를 통해 이 땅에 주의 뜻을 이루기 원하시지만 육체의 욕심에 기초한 나는 예수의 이름으로 나의 뜻을 이루려고 한다.

그것을 비전이란 단어로 포장한다. 하나님과 나의 뜻이 다르기에 나를 향한 하나님의 뜻과 계획이 마음에 부어지지 않는다. 동상이몽이다.

청소년 청년 캠프의 단골 주제는 '하나님께 크게 쓰임 받아라!'이다. 어렸을 때 나는 그런 말씀을 들으면 가슴이 뜨거워지고 울며 기도했었는데 냉정하게 생각해 보면 그 자리에 있던 많은 사람 중 하나님이 몇 명이나 쓰고 계실까 하는 의문이 든다. 하나님이 능력이 없으셔서 쓰지 않으시는 것이 아니다. 문제는 순종하지 않는 '나'이다. 순종하지 않으니 하나님이 쓰지 못하신다. 성령님과 좁은 길로 걷지 않고 세상이란 넓은 길로 가기 때문에 '소명'을 발견하는 단계에 이르지도 못한다. 하나님은 나를 쓰고 싶으신데 아이러니하게도 나 때문에 쓰지 못하신다. 내가 문제다.

하나님의 부르심을 발견하여 쓰임 받았던 모든 사람은 '순종'하던 사람들이었다.

소명을 발견하게 하시는 분도, 우리를 통해 주의 뜻을 이루시는 분도 모두 성령님이시다.

성령님은 하나님의 깊은 것까지 통달하시기 때문에 성령님과 친밀할수록 우리는 하나님의 마음을 알 수 있게 된다. 나를 향한 하나님의 마음을 알 때 우리는 나의 부르심에 더 가까이 나아갈 수 있다.

육체의 소욕은 성령을 거스르고
성령은 육체를 거스르나니
이 둘이 서로 대적함으로 너희가 원하는 것을
하지 못하게 하려 함이니라 (갈 5:17)

하나님 사랑하기

　신앙생활은 하나님 나라의 삶을 사는 것이다. 하나님 나라는 눈에 보이는 가시적이고 공간적인 영역이 아닌 주의 성령을 통해 이루어지는 하나님의 통치와 다스림이다. 하나님의 속성 중 하나는 사랑이기 때문에 하나님의 나라(통치, 주권, 다스림)가 나에게 이루어지면 우리는 하나님의 사랑을 경험할 수 있게 된다.

> 소망이 우리를 부끄럽게 하지 아니함은
> 우리에게 주신 성령으로 말미암아
> 하나님의 사랑이 우리 마음에 부은바 됨이니 (롬 5:5)

　예수 그리스도 안에 있는 나는 성령님을 통해 하나님을 날마다 경험했다. 머리의 지식으로 아는 하나님이 아닌 나와 동행하시는 하나님을 경험으로 배우고 있었다.

　나를 '사랑하신다는 하나님'에 대한 지식에서 '나를 사랑하시는 하나님'의 경험으로 바뀌며 주님과의 친밀한 교제에 하루하루 행복했다.

　하나님은 나에게 사랑한다는 감동을 여러 가지 모양으로 주셨는데 그중 하나가 바로 '꿈'이었다.

　하루는 꿈속에 주님이 나오셨다. 주님은 로마 군인들에게 채찍을 맞고 계셨고 나는 그 모습을 바라보며 울고 있었다.

　아래에 있는 내가 위에 계신 주님을 바라보는 구도였는데 주님이 채찍에 맞으며 흘리신 보혈이 나에게 한 방울씩 떨어졌다.

　나는 주님의 보혈을 경배의 자세를 취한 채 온몸으로 맞고 있었다. 보혈이 나에게 떨어질 때마다 주님의 음성이 들렸다.

　"아들아, 내가 너를 사랑한단다."

　"너는 나의 핏값으로 산 나의 것이란다."

　"그 누구도 너를 내 손에서 빼앗을 자가 없단다."

　죽기까지 나를 사랑하셨던 주님의 사랑이 마음에 부어졌다. 꿈속이었지만 모든 것이 생생했다.

그들을 주신 내 아버지는 만물보다 크시매
아무도 아버지 손에서 빼앗을 수 없느니라 (요 10:29)

　신앙생활의 본질은 하나님을 사랑하는 것이다. 하나님을 섬기기 위해 애쓰는 '인간적인 행위'가 아닌 하나님의 사랑 안에서, 하나님을 사랑하는 것이 신앙생활 전부라고 말해도 과언이 아니다. 하나님의 사랑을 받고, 하나님의 사랑을 알고, 하나님을 사랑하는 것이 하나님이 우리에게 원하시는 모습이다.

　하루는 하나님께서 내게 질문하셨다.

　"아들아, 내가 너에게 원하는 것이 무엇인지 아니?"

　"열심을 다해 주님을 섬기는 것이요?"

　"아니란다. 내가 너에게 원하는 것은 나의 사랑 안에서 네가 행복해 하는 것이란다."

주님의 음성이 내 생각과 정반대였기에 당황스러웠다. 사랑하니까 감사하니까 최선을 다해 교회를 섬기는 것이 하나님을 섬기는 일이라고 생각했다. 나의 헌신을 주님께서 요구하시고 기뻐 받으신다고 생각했지만 주님은 전혀 다른 말씀을 하셨다. 하나님의 사랑 안에서 행복하길 원하시는 아버지의 마음이 느껴졌는데 갓난아이가 부모의 사랑 안에서 까르르 웃는 모습이 떠올랐다.

사랑의 본체 되신 하나님께서 우리 영 안에 계시기 때문에 우리를 향한 하나님의 사랑은 동일하다. 우리를 향한 주님의 사랑에 차별이 있는 것이 아니다. 다만 주님의 사랑 안에 거하는 분량만큼 주님의 사랑을 더욱 느끼고 못 느끼고의 차이가 있을 뿐이다.

나는 첫 대로 예수님을 믿기 때문에 신앙생활을 하며 수많은 핍박과 어려움을 겪었다. 세상과 반대로 가는 좁은 길 가운데 내가 걷는 길은 더욱 좁았기에 믿음을 포기하고 싶을 때도 많았다. 그러나 모든 어려움과 갈등을 뒤로하고 좁은 길을 걸을 수 있었던 이유는 바로 '하나님의 사랑'이었다. 정확히 말하면 환경의 어려움을 초월하는 하나님의 사랑을 경험으로 알았고, 성령님을 통해 마음 가운데 부어지는 하나님의 사랑이 나를 강권해 가셨다. 하루가 멀다고 싸우는 집 안에서 내가 버틸 수 있었던 유일한 방법은 하나님께 매달리는 것뿐이었다. 울며 기도하며 하나님께 아픔을 토해낼 때 주님은 단 한 번도 나를 밀어내지 않으셨다. 말할 수 없는 사랑으로 나를 위로하시던 하나님이었다.

하루는 하나님께 기도했다.

'하나님, 얼마나 더 기도해야 이 현실이 변화됩니까?'

답답한 마음에 주님께 응석을 부렸지만 아무런 마음의 감동도 없었다.

기도하다 화가 나긴 처음이었다. 부끄럽지만 홧김에 술을 먹으러 갔다. 고된 현실에 대한 원망과 분노, 슬픔, 우울 등 온갖 부정적인 감정을 술로 해결하려고 했다.

새벽 1시가 넘은 시간, 술집에 혼자 들어가 맥주를 주문했다. 맥주가 나오고 마시려는 순간 강한 임재와 함께 하나님의 마음이 부어졌다.

"아들아, 많이 힘들지?"

책망하는 목소리가 아니었다. 안타까워하시는, 나를 사랑하시는 하나님 아버지의 마음이 고스란히 전해져서 원망과 불평이 눈 녹듯 사라졌다. 하나님의 사랑 때문에 다시 한 번 힘을 낼 수 있었다.

> 하나님이 우리를 사랑하시는 사랑을
> 우리가 알고 믿었노니 하나님은 사랑이시라
> 사랑 안에 거하는 자는 하나님 안에 거하고
> 하나님도 그의 안에 거하시느니라 (요일 4:16)

우리는 지금 어려운 시대를 살고 있다. 불법이 성하므로 많은 사람들의 사랑이 식어지는 이 때에 나는 두려운 것이 하나 있다. 바로 나를 향한 주님의 사랑을 흐릿하게 느끼는 것과 주님을 향한 나의 사랑이 식어지는 것이다. 사랑이 식으면 마음이 메마르게 되고 메마른 마음은 형식적인 종교생활로 귀결되게 된다. 사랑 안에서 누리는 인격적인 관계가 아닌 기계적인 관계로 최소한의 의무를 행하는 것이다.

어려운 시대를 돌파하는 비결은 바로 본질로 돌아가는 것이다. 다시금 첫사랑을 회복하는 것이고 하나님의 사랑 안에 거하는 것이다. 오직 하나님의 사랑만이 불법이 가득한 이 세상을 넉넉히 이기게 하고 좁은 길을 걷게 할 수 있다. 하나님은 사랑이시다.

우리가 아직 죄인 되었을 때에
그리스도께서 우리를 위하여 죽으심으로
하나님께서 우리에 대한 자기의 사랑을
확증하셨느니라 (롬 5:8)

part.
2

하나님 나라의 영적전쟁

1장
도둑이 온 이유

허리가 치유되다

내 허리는 사연이 많은 허리다. 20살, 부모님과 다툰 후 등교하는 길에 허리를 다쳤다. 무릎 정도 되는 높이에서 점프했는데 그 충격으로 허리부터 목까지 뼈들이 어긋났고 심한 통증으로 자리에서 움직일 수 없었다.

나는 허리 디스크 때문에 고생을 많이 했는데 군대도 허리 디스크가 원인이 되어 공익 근무 요원 판정을 받았다. 강의를 들을 때도 의자에 앉아 있지 못하여 뒤로 나가 서 있는 채로 수업을 듣는 경우도 여러 번이었다. 의자에 앉을 때면 의자 끝에 허벅지로 걸터앉아 어중간한 자세로 강의를 듣곤 했다. 예배를 드릴 때면 본당 맨 뒤에 있는 의자에 누워서 예배를 드렸고, 대변을 볼 때는 허리에 부담되어 수건걸이에 있는 수건을 붙잡고 힘을 분산시켜 볼일을 봤다.

허리 통증 때문에 고개를 숙이지 못했는데 고개를 숙이면 통증 때문에 승용차 타는 것이 부담될 정도였다.

대학교 1학년 2학기가 시작됨과 동시에 고질적인 허리 통증이 심해져서 병원에 입원했다. 병원에서는 시술을 권했지만 어린 나이에 허리 시술하는 것이 부담되어 2주 정도 입원해서 집중 치료를 받았다.

> 분을 내어도 죄를 짓지 말며 해가 지도록 분을 품지 말고
> 마귀에게 틈을 주지 말라 (엡 4:26-27)

병원에서 퇴원 후 얼마 지나지 않아 교회에서 부흥회가 있었다. 치유 은사가 있으신 목사님이 부흥회 강사로 오신다고 했는데 나에게 간절한 기도제목이 생겼다.

'하나님, 허리 고쳐 주세요.'

나는 기도로 준비하며 부흥회를 사모했다.

부흥회 첫째 날 저녁 집회에서 나는 하나님의 손길(?)을 경험했다. 말씀이 끝나고 기도시간 하나님이 내 허리를 만지셨다. 나뿐만 아니라 몸의 질병이 있는 사람들을 하나님이 만지셨다. 허리를 다쳐서 공익근무 요원 판정을 받았는데 허리까지 치유하시다니 놀라운 은혜였다.

그런데 문제가 하나 있었다. 하나님이 허리를 치유 하신다는데(?) 허리가 계속 움직였다.

나와 같이 치유 받았던 분들은 아픈 곳이 움직이다가 움직임이 멈추고 온전히 치유 받았지만 나는 허리가 계속 움직였다.

예를 들어, 발목이 아픈 사람은 발목이 움직이더니 치유됐고 어깨

가 아픈 사람은 어깨가 움직이다가 치유됐다. 꼽추였던 교수님이 계셨는데 강한 진동과 함께 등이 펴지더니 정상으로 돌아왔다. 그런데 부흥회가 끝나도 내 허리는 계속 움직였다.

자그마치 만 1년 7개월 동안 내 의지와 상관없이 몸이 움직였다. 서 있으면 훌라후프를 돌리듯 허리가 원을 그리며 움직였고, 앉아 있으면 목이 원을 그리며 움직였다.

수업시간에도 몸이 계속 움직여서 수업에 지장이 있었다. 교수님께서는 내게 '틱 장애'가 있냐며 물어보시기도 했다.

분별력이 없었던 나는 이것이 하나님의 치유라고 생각했다. 움직임을 멈추려고 했으나 나의 의지와 상관없는 어떤 힘이 내 몸을 움직였다.

오래 서 있으니 (서 있을 때 허리가 돌아갔기 때문에 치유된다고 생각했다) 하지정맥류가 생겼다. 치유되기는커녕 몸이 점점 나빠졌다.

교회 목사님들은 별말씀이 없으셨다. 간혹 "하나님이 움직이시는 게 맞니? 네가 움직이는 거 아니야?"라고 물어보시긴 했어도 그 어떤 조치를 취하지 않으셨다.

그렇게 만 1년 7개월이 지났다.

내 백성이 지식이 없으므로 망하는 도다 (호 4:6)

정체가 드러나다

이상했다. 하나님이 치유하신다는데 몸이 점점 아팠다. 마음이 불편했고 오랫동안 몸이 움직이니 의심이 생겼다.

그 당시 친하게 지내던 집사님이 계셨는데 나의 상황을 보시고 조심스럽게 말씀하셨다.

"태훈아, 내가 목사님을 소개해 줄게. 목사님이 인터넷 카페에 올리신 글을 읽어보면 도움이 될 것 같아."

집사님이 알려주신 인터넷 카페를 검색했는데 신앙 관련 글들과 영적인 세계에 대한 글을 게시하는 카페였다.

흥미로운 것은 축귀 사역을 전문적으로 하시는 목사님이셨다.

인터넷 카페를 통해 목사님께 내가 처한 상황에 대해 말씀드렸다. 카페에 질문하면 댓글로 답을 달아주셨는데 목사님께선 나와 통화하기 원하셨다.

목사님과 통화를 하며 여러 질문을 주고받았다.

"태훈 형제! 성령님이 하시는 치유사역은 깔끔합니다. 형제처럼 오랫동안 지저분하게 하지 않으세요! 악한 영의 장난일 수도 있으니 기도를 같이 해봐도 될까요?"

"네, 목사님"

목사님께서는 악한 영의 분리와 정체가 드러나도록 기도하셨다. 그 순간 내 안에 숨어 있던 악한 영의 정체가 드러났다.

"큰일 났네. 들켰네?"

"네가 장난쳤지?"

"내가 머리부터 발까지 잡고 돌렸지!"

"너 왜 들어왔어?"

"노태훈 죽이려고 들어왔지!"

"노태훈을 왜 죽여 그는 하나님의 아들이야."

"노태훈 이 새끼만 살면 얘네 가족, 친척, 수많은 사람이 하나님께 돌아갈 텐데 너 같으면 노태훈 하나 죽이지 언제 가서 그 사람들을 죽이냐?"

"언제부터 들어왔어?"

"어릴 때부터 들어왔지. 내가 노태훈 죽이려고 학교도 못 다니게 하고 매일 집에서 싸우게 하고 우울증 주고 괴롭혔지. 그때 옥상에서 죽일 수 있었는데, 밀기만 하면 됐는데, 하나님이 죽이는 건 허락하지 않아서 내가 못 죽였어. 너무 억울해."

> 여호와께서 사탄에게 이르시되
> 내가 그를 네 손에 맡기노라
> 다만 그의 생명은 해하지 말지니라 (욥 2:6)

충격이었다. 의식은 있었는데 내 안에 숨어 있던 악한 영이 나를 통해 말하기 시작했다. 나도 몰랐던 많은 사실을 말했다. 방황하고 힘들어했던 지난날들이 내가 행한 것이 아니었다. 옥상에서 자살하려고 했던 일들 모두 악한 영의 짓이었다.

도둑이 오는 것은

도둑질하고 죽이고 멸망시키려는 것뿐이요

내가 온 것은

양으로 생명을 얻게 하고

더 풍성히 얻게 하려는 것이라 (요 10:10)

악한 영은 또 내 입을 통해 다른 이야기를 했다.

"배고파. 밥 좀 줘."

"왜 배고파?"

"노태훈이 제사상에 예수 피를 많이 뿌려서 내가 예수 피 무서워
서 밥 먹으러 못 갔어. 노태훈 이 새끼 죽여야 해. 다른 놈들은 내가
안 건드려도 자기들이 알아서 죽으러 와! 술 해오고, 떡 해오고, 절
하는데, 노 태훈 이 새끼는 절도 안 해! 제삿밥도 안 먹어! 뒤에서 예
수 피만 뿌리잖아!"

교회를 다니면서부터 나는 제사상에 절하지 않았다. 친척들의 핍
박과 제사장에 올라온 소갈비로 회유했어도 끝내 절을 하지도 음식
을 먹지도 않았다. 예수 피를 제사상에 뿌리라는 얘기를 들었다. 그
래서 믿음으로 예수 피를 뿌렸는데 예수 피에 능력이 있었다. 나는
알지 못해도 하나님은 일하고 계셨다.

"예수의 이름으로 명하노니 악한 영은 떠나갈지어다."

"안 나가! 싫어! 싫어!"

그렇게 한동안 싸움이 이어졌고 통화를 종료했다.

당황스러웠다. 내가 어떻게 반응해야 하는지 몰라서 집사님께 전화를 드렸다.

"집사님, 방금 목사님과 통화했는데 제 안에서 악한 영이 드러났어요! 악한 영이 제 허리와 목을 돌렸대요."

"할렐루야! 태훈아, 축하해!"

축하라는 인사가 당황스러웠다. 이 사건이 축하해야 할 일이 맞는지 의문이었다. 앞으로 나에게 어떤 고통이 펼쳐질지 전혀 예상하지 못했다. 영적인 세계에 대한 지식과 경험이 없으니 무지하여 쉽게만 생각했다.

생명을 살리는 회개

돌아오는 토요일 아침 일찍 교회로 갔다. 대학부 담당 목사님이 계시지 않아서 다른 부서 목사님께 겪었던 일을 말씀드렸다.

"목사님, 제 안에서 악한 영이 드러났습니다. 허리와 목을 돌렸던 것이 하나님이 아니라 악한 영이었습니다. 전 어떻게 해야 하나요?"

"응 괜찮아 아무것도 아니야 가서 기도하면 돼."

골방 기도실에서 기도하는데 목사님 말씀처럼 아무것도 아닌 것이 아니었다. 기도를 시작하니 온몸의 고통이 시작됐다. 이 땅의 고통이 아니었기에 그 고통을 표현할 방법이 없었다. (훗날 막연히 깨달은 것 중 하나는 신병 비슷한 고통이 아니었나 생각된다) 안 되겠다 싶어 바로 사역자 사무실로 올라갔다. 몸이 덜덜 떨렸다.

"목사님, 기도해주세요."

"태훈아, 무슨 일이니?"

목사님께서 머리에 손을 얹고 기도하셨는데 그 순간 내 안에 있던 악한 영이 다시 한 번 정체를 드러냈다. 사역자 사무실이 난장판이 되어 모든 사역자분들이 들어오셨다.

한 목사님은 내 오른팔을 잡으시고 다른 목사님은 내 왼팔을 잡고 의자에 앉히셨다.

"나사렛 예수 그리스도의 이름으로 명하노니 악한 영아, 떠나갈지어다."

"야, 너희는 기도 안 해서 하나도 안 무서워! 까불지 마."

악귀가 대답하여 이르되
내가 예수도 알고 바울도 알거니와
너희는 누구냐 하며 (행 19:15)

목사님들께서 무서워하는 것이 눈에 보였다. 눈을 질끈 감고 나사렛 예수의 이름으로 외쳤다. 악한 영은 '예수'의 이름에 반응했지만 목사님들은 무서워하지 않았다. 오히려 무시하고 조롱했다.

악한 영이 다시 말했다.

"윤석전 데리고 와. 내가 윤석전이랑은 한판 붙어볼 만하니까. 윤석전이랑 붙어서 내가 나가든지 노태훈 죽이든지 할 거야."

다음 주 월요일부터 교회에서 윤석전 목사님을 강사로 모시는 부흥회가 예정되어 있었다. 악한 영이 윤석전 목사님과 붙어 볼 만하다는 것이었다. 윤석전 목사님은 기도를 많이 하시는 분이신데 기도 외에는 이런 종류가 나가지 않는다는 성경 말씀이 떠올랐다.

이르시되 기도 외에 다른 것으로는
이런 종류가 나갈 수 없느니라 하시니라 (막 9:29)

그날 저녁 골방에서 혼자 울며 기도했다. 낮에 있었던 소동으로 인해 온몸이 두드려 맞은 것같이 아팠다. 힘이 없어 누워서 기도했는데 기도를 시작하니 악한 영이 드러나며 배가 파도치듯 움직였다. 이런 경험이 처음이라 무서워서 울며 살려달라고 기도했다. 그 순간 하나님의 감동이 마음에 부어졌다.

"회개해라."

하나님은 나에게 '회개하라'라는 감동과 함께 회개해야 할 죄들을 하나씩 생각나게 하셨다. 삶 가운데 죄라고 인식도 못 하던 것들이 하나님의 조명하심 가운데 죄로 깨달아지기 시작했다.

울며 통곡하며 간절히 회개했다. 거짓말, 음란, 미움, 시기, 질투, 세상사랑, 불순종, 부모님께 반항했던 모든 것들이 주마등처럼 떠올랐다. 회개하면 또 다른 죄의 모습이 떠올랐고 회개하기를 반복했다.

하나님이 깨닫게 하시는 죄들을 회개할수록 배의 움직임이 줄어

들었다.

(회개는 축복이다. 죄를 지을수록 우리는 악한 영의 영향력에 놓이게 된다. 예수님이 이 땅에 오신 이유는 우리로 하여금 생명을 얻고 풍성한 삶을 살게 하기 위함이지만 악한 영이 하는 짓은 죽이고, 도둑질하고, 멸망시키는 일뿐이다. 우리가 회개하지 않고 죄에 거할 때 하나님에게서 오는 좋은 것을 누리지 못하게 된다. 죄로 인해 누리지 못하는 풍성한 인생을 회개를 통해 회복할 수 있다. 회개는 악한 영의 영향력에서 벗어나는 유일한 길이다)

월요일, 윤석전 목사님의 부흥회가 시작됐다. 사흘 동안 이어지는 부흥회에서 나는 큰 은혜를 받았다.

놀라운 것은 하나님께서 깨닫게 하신 회개의 내용과 윤석전 목사님께서 전하신 회개의 내용이 일치했다는 것이다. 한 분 하나님께서 일하셨다.

죄를 짓는 자는 마귀에게 속하나니
마귀는 처음부터 죄를 범함이라
하나님의 아들이 나타나신 것은
마귀의 일을 멸하려 하심이라 (요일 3:8)

버림을 받다

나는 우리 교회, 우리 목사님들을 참 사랑했다. 우리 교회를 통해 인생의 소망을 발견했고 교회에서의 아름다운 추억이 있었기에 사랑할 수밖에 없었다. 그런데 날 바라보는 목사님들의 마음은 나와 같지 않았다.

그 일이 있은 후 대학부 담당 목사님이 나에게 말씀하셨다.

"네가 나를 능력 없는 종으로 만들었다."

사역자 사무실에서 사건이 있었을 때 선배 목사님들이 대학부 담당 목사님을 밖으로 내보내셨다. 사역자 사무실에서 모두 나가시고 청소년부 목사님이 나를 진정시키셨다.

평소에도 청소년부와 대학부가 비교됐는데 자존심이 상하신 것이다. 영혼에 대한 사랑보다, 자신을 돌아보는 겸손보다 자존심이 앞섰기에 놀란 영혼에게 큰 상처를 줬다.

목사님은 선배 사역자들부터 모든 성도, 대학부 청년들에게도 신임을 잃으신 분이었다. 평소에도 인격적으로 신앙적으로 문제가 많았는데 자기의 혈기를 다스리지 못하고 청소년 목사님의 뺨을 치셨다. 담임 목사님께 거짓으로 사역을 보고했고, 청년들에게 거짓말할 것을 강요했다. 대학부 재정을 횡령하여 사적인 일에 사용하는 등 많은 문제가 있었다. 대학부 임원들이 목사님의 언행 때문에 상처를 받아 교회를 떠났고 남은 청년들이 목사님이 떠나시고 좋은 분이 오시도록 기도할 정도였다. 결국, 담임 목사님께 보고했던 거짓말이 들통

났다. 평소 10명도 오지 않던 대학부 예배 인원을 30~40명 출석으로 보고 하다가 거짓말이 들통 난 것이다. 빙산의 일각 중 하나가 드러났고 결국 쫓겨나게 됐는데 모든 대학 청년들이 환호를 외치던 기억이 있다.

상황이 이렇다 보니 대학 담당 목사님에게 기도를 부탁할 수 없었다. 다른 목사님들께 부탁하니 질서라는 이름으로 기도를 피하셨다. 나를 무서워하셨고 눈치를 보셨다.

> 너희의 전통으로 하나님의 말씀을 폐하는도다 (마 15:6)

두렵고 고통스러워 날마다 기도실에서 혼자 울며 기도했다.

살고 싶었고 도움이 필요했는데 아무도 나에게 관심을 주지 않았다. 내가 만약 장로님 아들이었다면 나를 이렇게 대우했을까? 라는 서러운 생각이 들었다.

기도실에서 기도하는데 목사님들이 웃으며 식사하러 나가시는 소리가 들렸다. 자기 양이 이리에게 물려서 죽어가고 있는데 목자들이 양을 돌보지 않았다.

> 주 여호와의 말씀에 내가 나의 삶을 두고 맹세하노라
> 내 양 떼가 노략질 거리가 되고 모든 들짐승의 밥이 된 것은
> 목자가 없기 때문이라
> 내 목자들이 내 양을 찾지 아니하고 자기만 먹이고
> 내 양 떼를 먹이지 아니하였도다 (겔 34:8)

교회를 떠나라고 말은 하지 않았지만 떠날 수밖에 없는 상황으로 나를 내몰았다. 아무도 나를 돌보지 않았다.

이 일이 있기 몇 달 전 새벽 예배 때 성령님께서는 나에게 "교회를 옮기라"고 감동하셨다.

나는 잘못 들은 줄 알았다. 그 당시만 해도 교회를 옮기지 않고 한 교회에서 신앙생활 하는 것이 옳은 줄 알았다. 그런데 마음의 평안이 없고 오히려 불편했다. 성령님을 악한 영 취급했을 수 있다고 생각했는데 내 생각과 다르기에 틀렸다고 생각했다. 조심스럽게 여쭤봤다.

"성령님, 왜 교회를 옮기라고 하세요?"

"네가 여기 있으면 영적으로 성장할 수 없단다."

결론은 불순종했다. 결국, 나는 험한 꼴을 당했고 교회를 나오게 됐다. 그렇게 난 영적 떠돌이가 됐다.

영적 떠돌이

교회를 떠났다. 어디로 가야 할지 몰랐다. 우리 교회 우리 목사님이었는데 한순간에 남이 됐다. 여기저기 교회를 기웃거렸지만 내 상황을 이해하고 도움을 받을 수 있는 교회가 없었다. 그러던 어느 날, 집 앞을 지나던 중 상가 교회의 예배 시간표를 보게 됐다.

'금요 성령 집회 오후 8시'

금요 성령 집회라는 단어가 눈에 들어왔다.

이 교회에서는 도움을 받을 수 있겠다는 생각에 금요 예배에 참석했다.

공익근무를 하고 있었기 때문에 퇴근 후 늦게 예배당에 들어갔다. 설교 끝날 무렵, 사모님 옆에 가서 앉았는데 설교 후 찬양이 하필 '보혈' 찬양이었다.

'주의 보혈 능력 있도다. 주의 피 믿으오. 주의 보혈 그 어린 양의 매우 귀중한 피로다.'

경험상 악한 영은 주님의 보혈을 아주 싫어한다. 보혈에 하나님의 생명이 있기 때문이다.

… 생명이 피에 있으므로 피가 죄를 속하느니라 (레 17:11)

찬양이 시작되자 숨어 있던 악한 영이 드러났다. 처음 보는 청년에게서 악한 영이 드러나니 교회에 있던 모든 성도님이 당황하셨다. 남자 청년 여럿이 나를 눕혔지만 나는 그들을 모두 밀쳐냈다. 목사님께서 내 위에 올라오셔서 한 시간 넘게 축귀 사역을 해주셨다.

목사님이 축귀 기도를 하니 악한 영이 말했다.

"너 자꾸 나 괴롭히면 네 딸에게 들어갈 거야!"

내가 한 말이 아니었다. 그런데 말이 끝나자마자 목사님은 내 뺨을 치셨다.

"그러면 안 돼!"

한 시간 가까이 실랑이를 하고 드디어 악한 영이 재채기를 통해 나갔다.

신기했다. 악한 영이 나가니 1년 7개월 동안 돌아가던 목이 더는 돌아가지 않았다.

그런데 허리는 계속 돌아갔다. 이해되지 않았다. 눈에 보이지 않으니 영적인 세계가 어떤지, 어둠이 어떻게 역사하는지 알 수 없었다. (이것이 지혜다. 영적인 세계는 눈에 보이지 않고 성경에 자세히 기록되지 않았다. 그래서 경험하고 깨닫는 만큼 분별 할 수 있다. 신학교에서 가르치지 않는다. 그래서 성경을 기반으로 하는 체험과 영적인 사역자들의 조언과 분별을 통해 이해하는 겸손한 자세가 필요하다. 눈에 보이지 않고 체험을 못 했다고 없는 것이 아니다. 공기도 눈에 보이지 않는다)

목사님께서는 허리는 다음에 기도하자 하시고 기도를 마무리하셨다. 다음 주 금요일 예배 때 허리에 있던 악한 영이 나갔고 허리가 더는 움직이지 않았다.

성령님이 지키시다

악한 영들 입장에서는 쫓겨나가든지 나를 죽이든지 해야 하는 상황이었다. 악한 영 입장에서도 이판사판이었을 것이다. 말로 형언할 수 없는 고통이 찾아왔기 때문에 공익근무를 지속할 수 없었다. 나는 결국, 병가 신청을 내고 근무를 중단했다.

몸의 고통은 무엇이라 표현하기 어려웠다. 살면서 처음 겪는 고통이었는데 이 땅의 것이 아니었다.

많은 목사님을 만났지만, 실재적인 도움을 받지 못했다. 목사님마다 하시는 말씀이 달랐다. 본인들이 이해하고 경험한 영적 세계가 달랐기 때문이다. 어떤 목사님은 '영감'이란 단어로 자신의 신령함을 과시하기도 했다.

나는 집사님에게 전화했다.

"집사님, 도와주세요."

"태훈아, 네가 강해져야 이길 수 있어."

"알아요. 그런데 지금 너무 고통스러워요."

"그래, 가게로 와라."

밤 10시가 넘은 시간, 집사님이 운영하시는 가게로 갔다. 집사님께서는 교회 약도를 그려주시며 목사님 한 분을 소개해 주셨다.

밤늦게 소개받은 교회를 찾아갔다. 상가에 있는 작은 교회였는데 나를 맞아주시는 남자, 여자 목사님이 계셨다. 남자 목사님께서 나를 보자마자 말씀하셨다.

"잘 되면 쓰임 받을 것 같은데 잘못되면 큰일 나겠네?"

후에 여쭤보니 영적인 어둠이 컸기 때문에 자살할까 싶어서 말씀하셨다고 했다. 그래서 목사님은 지하철을 타지 말라고 하셨다. 혹시나 들어오는 지하철에 몸을 던질까 봐 걱정이 되셨기 때문이다.

작은 상가에 있는 기도원 같은 교회였다. 목사님들이 기도하시는 분들이셔서 축귀 사역을 능숙(?)하게 해주셨다.

그러나 축귀 사역을 하시는 목사님도 힘드시고 기도를 받는 나도 힘들었다. 육체의 고통과 에너지 소비가 만만치 않았다. 기도를 받다 죽겠다 싶어서 내가 기도를 멈춘 적도 많았다.

　여자 목사님은 기도를 많이 하시는 분이셨는데 통변의 은사가 있으셨다. 목사님께서는 나를 위해 통변 기도를 해주셨다.

"이는 내 사랑하는 종이니라. 내가 만세 전부터 이를 택했다. 모두 나의 계획안에 있고 내가 이를 회복시킬 것이라. 이를 통해 잃어버렸던 많은 내 백성이 내게 돌아올 것이라. 이에게 성령의 불을 전해 주어라."

　목사님께서 방언 통변을 마치시고 내 등에 손을 얹고 기도하셨다. 그 순간 내 몸에 뜨거운 성령의 불이 임했다.

"앗! 뜨거워."

　악한 영이 소리 질렀다. 말 그대로 뜨거운 불이 내 안에 들어오는 것을 느꼈다. 목사님들의 간증에서 성령의 불을 받으면 뜨거워서 뛰고 굴렀다는 말씀이 이해됐다. (영적인 것은 체험해야 알 수 있다.)

솔로몬이 기도를 마치매
불이 하늘에서부터 내려와서 그 번제물과 제물들을 사르고
여호와의 영광이 그 성전에 가득하니 (대하 7:1)

　나에게는 성령님이 유일한 소망이었다. 기도할수록 성령님의 통치

영역이 확장됨을 느꼈는데 머리부터 발끝까지 어둠이 나를 덮으려고 할 때면 부르짖어 기도했다. 신기한 것은 어둠이 나를 덮으려 하는 것도 느꼈고 부르짖어 기도하면 그 어둠이 떠나가는 것도 느꼈다. 밤에 자다가 깨면 성령의 불이 머리부터 발끝까지 운행하시며 나를 지키는 것을 느꼈다. 사망 가운데 성령님이 나를 지키고 계셨다.

그러나 내가 하나님의 성령을 힘입어 귀신을 쫓아내는 것이면
하나님의 나라가 이미 너희에게 임하였느니라 (마 12:28)

고통이 심해지다

허리와 목이 돌아가는 것은 멈추었지만, 그 후유증이 심각했다. 허리 통증이 심해서 밤에 잠을 이루지 못할 정도였다. 병원에서 MRI를 찍어보니 의사 선생님께서 놀라셔서 물어보셨다.

"20대 청년이 무엇을 했길래 허리가 이래요? 50대 허리 같아요."

의학적 지식이 없는 내가 봐도 허리 상태는 심각해 보였다.

총 다섯 곳의 디스크가 흘러나왔는데 하나의 디스크는 MRI 사진 속에서 보기에 1㎝ 가까이 흘러나와 있었다.

허리만이 문제가 아니었다. 오랜 시간 목이 돌아갔기 때문에 목 디스크 증상이 있었다. 팔이 저렸고 목을 움직이는데 고통이 있었다. 바로 입원하여 시술 날짜를 잡고 허리 디스크 시술을 했다. 2주 정도 입

원 및 치료를 받는데 퇴원 후가 문제였다.

퇴원 후 증상이 더욱 심해졌다. 고통의 크기가 커졌고 전에는 없었던 불안함과 두려움이 생겼다. 심장이 비정상적으로 빨리 뛰기 시작했고 심장이 뜀과 동시에 사망의 기운이 나를 덮었다. 죽을 것 같은 두려움의 공포에 살려달라고 비명을 질렀다. 비정상적인 심장 박동 때문에 검사를 했지만, 결과는 정상이었다. 예상하지 못하는 순간에 심장 박동에 갑작스러운 변화가 있으니 굉장히 고통스러웠다. 그때 깨달은 것 중 하나는 지옥에 있는 영혼들의 고통이었다.

죽었는데 죽을 것 같은 두려움이 그들에게 있다. 그 두려움에 죽고 싶은데 죽을 수 없다. 나는 이 두려움과 공포 때문에 신경 쇠약증에 걸렸다. (나는 지금도 이때의 고통을 생각하면 심장이 철렁 내려앉는다. 그리고 천국 가는 신앙생활을 하고 있는지 천국으로 성도를 인도하는 사역을 하고 있는지 나를 점검하고 기도한다)

아침에 눈 뜨는 것이 고통이었다. 충분히 잠을 자고 기상하는 것이 아니었다. 악한 영이 강제적으로 깨웠고 공포영화의 장면처럼 내 의지와 상관없이 눈이 갑자기 떠졌다. 그리고 두려움의 공포가 나를 덮었다. 매일 아침, 나는 두려움과 공포로 인해 비명을 지르며 잠에서 깨곤 했다.

'으악! 하나님 살려주세요. 악! 엄마, 엄마'

악한 영은 밥을 먹지 못하게 했는데 식도가 닫혀있는 것 같아 음식을 삼킬 수 없었다. 억지로 음식을 먹고 조금씩 삼켰는데 하루에 먹는 양이 한두 숟갈이 전부였다. 7~8월의 한여름에 온몸이 마른 장작처럼 바짝 말라갔다.

또한, 온몸이 천근만근이어서 걷는 것이 어려웠다. 집에서 교회까지는 걸어서 5분 거리였는데 30분을 기어서 교회에 갔다. 한두 걸음을 걸으면 그 자리에 털썩 주저앉았다. 마치 땅에서 누가 내 다리를 끌어당기는 듯 나아갈 수 없었고 온몸에 힘이 하나도 없어서 주위의 조형물을 의지하며 기어갔다.

30도가 넘는 한여름에 나는 추워서 몸을 덜덜 떨 정도로 몸의 기능도 정상이 아니었다.

아들의 상황이 심각한데도 부모님은 하나님께 엎드리지 않았다. 아들이 고통을 받는대도 제사를 지내러 가셨다. 신앙과 영적인 세계에 대한 이해가 없으니 나를 정신병자 취급하시는 것은 당연했다. 아버지는 나를 정신 병원에 데리고 다니셨는데 한 의사 선생님이 이렇게 얘기했다.

"영적인 것은 모르겠고요, 조현병입니다."

조현병 환자가 몸의 고통 때문에 괴로워하지 않지 않는가?

나는 정신이 온전했고 대화도 기억의 왜곡 없이 일관되게 했지만 본인이 배운 책의 지식이 전부였다. 그렇게 나는 조현병 환자가 됐다.

여러 곳의 정신병원에 다녔다. 수소문하여 인천으로 대구로 유명하다는 병원을 다녔다. 대구에 있던 정신병원에서는 최면술을 통해 축귀를 한다고 했는데 의사 선생님께서 내 상태를 보신 후 최면 치료를 거부하셨다.

"몸이 많이 약해진 상태이기 때문에 최면 치료를 할 수 없습니다. 치료 중에 죽을 수도 있습니다."

병원에서 처방해준 정신과 약은 아침에 다섯 알, 저녁에 여섯 알이었다.

부모님의 강압으로 억지로 약을 먹었다. 약의 부작용으로 생각이 멈추었고 바보가 되어 갔다. 눈의 초점이 흐려지고 멍하니 침을 흘렸다.

정신과 약을 먹다가는 내가 죽을 것 같았다. 군대에서 갓 전역한 동생은 형이 미쳐 있으니 스트레스를 많이 받았는데 스트레스를 나에게 풀며 폭력을 행사했다. 동생의 폭력에 의해 머리가 찢어지고 고막이 터졌으며 새벽에 응급실을 가거나 경찰이 출동하기도 했다. 동생은 고통스러워하는 나를 바라보며 즐거워했고 인터넷에 올리기 위해 동영상을 촬영했다.

악한 영이 하는 짓은 이렇게 잔인하고 비이성적이고 폭력적이다. 아파하던 나를 조롱하며 핸드폰으로 촬영할 때 나는 동생을 죽이려고 칼을 꺼내 들었다.

나의 마음은 이미 수차례 동생을 칼로 찔러 죽였지만 차마 실행에 옮기지 못했던 이유는 단 하나였다. 내가 여기서 참지 못하고 살인을 저지르면 하나님이 나를 부르신 목적이 어그러질 것만 같았다. 주의 종으로 부르셨는데, 살인해서 교도소에 갈 수는 없는 노릇이었다. 나의 상황보다 나의 감정보다 하나님의 뜻이 우선이었다.

나는 울면서 칼을 내려놓았다. 죽을 수도 없었고 살 수도 없었던 전

쟁 같은 날들이었다. 너무 지쳐 정신병원에 입원하고 싶었다. 부모님
께 말씀드렸다.

'정신 병원에 입원시켜주세요.'

하나씩 소망이 내려놓아졌다.

하나님은 여전히 나를 붙잡고 계셨는데 하나님을 잡은 내 손의 힘
이 빠지고 있었다.

하나님을 잡고 있던 열 손가락 중 아홉 손가락이 놓아지고 새끼손
가락 하나만 위태롭게 걸려있었다.

하나님이 자살해도 된대

내가 고통 받는 상황을 청소년 시절 다녔던 교회 집사님이 들으셨
다. 집사님에겐 아들 하나 딸 하나가 있는데 둘 다 예언의 은사가 있
다고 했다. 대한민국에서 정확하게 예언하는 사람이 세 명 있는데 하
나는 우리 아들, 하나는 우리 딸, 하나는 어느 여자 목사님이라고 했
다. 여기서부터 거짓의 냄새가 난다. 그럼 나는 대한민국에서 정확하
게 예언하는 세 명을 모두 알고 있는 것이었다.

첫째 아들은 토요일 자정 12시까지는 술을 먹어도 된다고 했다. 12
시가 지나면 주일이 되니 그때는 마시면 안 된다고 했다. 하나님이 그
러셨다는 것인데 지금 생각해도 어이가 없다.

둘째 딸이 문제였다. 둘째 딸이 중학생 때부터 교회에서 예언(?)을

하고 다녔다. 교회 집사님들 권사님들이 무당집 찾아가서 점 보듯 그 아이에게 예언을 받았다. 문제는 교회 목사님들조차 예언을 받았다는 것이다. 학생부 목사님이 아이를 심방하러 갔다가 오히려 예언을 받고 돌아왔다. 미꾸라지 한 마리가 온 교회의 영적인 물을 흐리고 다녔다.

이 아이는 하나님이 쓰시는 목사님들을 마귀의 종이라고 비난했는데 예를 들어 말씀에 따르는 표적으로 복음을 확실히 증거 하시는 목사님들을 사단의 종이라고 했다. 그 이유를 물어보니 목사님 안에 성령님이 계시지 않는다는 것이었다.

> 그러나 내가 하나님의 성령을 힘입어 귀신을 쫓아내는 것이면
> 하나님의 나라가 이미 너희에게 임하였느니라 (마 12:28)

성경 말씀만 알아도 거짓 예언임을 쉽게 분별할 수 있다. 병을 고치고 귀신을 쫓는 능력이 사람에게 있는가, 아니면 성령님에게 있는가? 말씀이 없으니 수많은 성도가 미혹됐다.

또 하나의 거짓은 우리의 구원 문제였다. 성령님이 내주하심으로 우리가 구원 받는다. 이것은 성경이 증거 하는 바요 기독교 정통 교리다. 그러나 이 아이는 성령님이 우리를 구원받도록 도와주시고 떠나신다고 주장했다. 그리고 후에 성령 달라고 기도해야 성령님이 오신다는 것인데, 이 얼마나 비성경적인 얘기인가?

참으로 우스운 상황이었다. 많은 성도가 그 아이에게 고개를 조아

리며 예언을 받았다. 땅을 살 것인지, 집을 팔 것인지, 살 것인지, 대학 과, 취업, 진로, 결혼 등 무당에게 물어보는 것을 그 아이에게 물어보며 신령하다 했다.

집사님은 대학 청년부 새 가족 반을 담당하고 있었다. 전도된 모든 청년은 집사님의 새 가족 교육을 받아야 했는데 한번은 새 가족 교육에 신천지에서 온 사람들이 있었다. 신천지가 봤을 때 이곳이 이단이었다.

이런 배경을 가진 집사님이었다. 집사님이 자주 하시는 말씀은 "우리 딸이 그러는데~"였다. 성경이 아닌 딸의 얘기에 더욱 권위를 두었다.

그런 집사님이 나에게 말씀하셨다.

"태훈아! 우리 딸이 그러는데 너무 힘들면 하나님이 자살해도 된대."

어이가 없어서 헛웃음이 나왔다. 악한 영은 별짓을 다 해 나를 죽이려고 했다.

환상 두 가지

하루하루가 지옥 같았다. 1년 전만 해도 성령 충만 받고 신앙생활 잘했는데 갑자기 왜 이런 나락으로 떨어졌을까? 이해되지 않았다.

분명 날 향한 하나님의 계획이 있음을 알고 믿었다. 그런데 왜 이런 고통을 겪게 하시나? 하나님께 기도했다.

기도 가운데 하나님이 보여준 환상이 있었다.

온 하늘은 짙은 먹구름으로 가득했고 땅은 척박했으며 풀 한 포기 없었다. 바람이 불면 땅에 있는 모래가 먼지처럼 날렸고 환상의 전체적인 배경색은 회색이었다. 그 가운데 커다란 황금색 십자가가 있었다. 그리고 그것을 바라보는 내가 서 있었다.

하나님의 음성은 없었지만, 환상이 무엇을 뜻하는지 바로 알 수 있었다. 마지막 때 내가 사역을 하는 것이었다.

환상의 무게가 버거웠다. 지금 당장 사느냐 죽느냐의 갈림길에 서 있던 내게 그 내용은 너무 멀고 커 보였다. 저절로 기도가 나왔다.

나는 지금도 그 환상을 생각하곤 하는데 그때가 너무 빨리 온 것이 아닌가라는 생각을 한다. 그 마지막 때가 우리가 사는 지금이기 때문이다.

두 번째 환상은 나의 영적 배경에 관한 것이었다.

하나님께 기도했다.

"하나님, 제가 이렇게 고통받는 이유가 무엇입니까?"

"집안에 대해서 알아보아라."

하나님의 감동을 받자마자 고모에게 전화했다.

"고모, 혹시 우리 집안에 무당이 있었어요?"

"응. 증조할머니가 무당이셨지."

바로 외가 친척 할머니께 전화했다.

"할머니, 혹시 집안에 무당이 있었어요?"

"응. 있었지."

"……."

친가 외가에 무당이 있었다. 친가에서 첫대, 외가에서도 첫 대로 예수를 믿었다. 나의 영적 고통의 크기가 이해됐다.

기도하던 중 하나님이 보여주신 환상이 하나 있다.

무당이었던 증조할머니가 갓난아기인 나를 귀신에게 바치는 기도를 하고 있었다.

아버지께 여쭤봤다.

"아버지, 증조할머니가 저 태어나고도 살아계셨어요?"

"응. 너 아기 때 돌아가셨지."

우상을 섬기는 집안에서 혼자 예수를 믿는다. 제사의 규모가 크고 친가, 외가 모두 무당의 피가 흐르고 있으니 감당해야 할 영적 전쟁의 무게가 심히 무거웠다.

> 그가 우리를 흑암의 권세에서 건져내사
> 그의 사랑의 아들의 나라로 옮기셨으니
> 그 아들 안에서 우리가 속량 곧 죄 사함을 얻었도다 (골 1:13-14)

무당에게 가자

시간이 지날수록 회복되기는커녕 고통은 더욱 심해졌다. 하루는 기도하러 가는 길에 친구를 만났다.

"태훈아, 어디 아파? 영혼이 없는 것 같아."

믿음이 없는 친구가 보기에도 나는 넋이 나가 있었다.

나는 점점 악한 영에 사로잡혔다. 씻지도 못하고 정신이 나간 것처럼 멍했다. 두려웠고 불안했다.

나는 기도를 할 수 없을 정도로 상황이 심각해졌는데 기도하려고 입을 열면 몸에서 발작을 일으켰다. 악한 영이 기도하지 못하게 방해한 것이다. 이러지도 저러지도 못했기에 자살을 생각했다. 그 당시 악한 영은 나를 옥상으로 끌고 가려고 했는데 보이지 않는 어둠의 힘이 나를 사로잡았다. 그 힘이 나를 끌고 갈 때면 식탁 기둥을 붙잡고 울곤 했다.

'하나님, 살려주세요. 너무 무서워요.'

하루는 병원 진료를 기다리며 식당에서 밥을 먹었다. 식당 주위에는 높은 빌딩이 많았는데 악한 영이 빌딩 꼭대기로 나를 끌고 가려고 했다. 무서워서 식당 테이블을 잡고 울었다.

지나가는 차와 기차에 몸을 던지려고도 했다. 매일 울며 지쳐만 갔는데 더는 내게 버틸 힘이 없었다.

귀신이 그를 죽이려고 불과 물에 자주 던졌나이다 (막 9:22)

결단을 내려야했다. 큰 어머니가 점을 보러 다니셨는데 나에게 굿을 통해 귀신을 쫓아내자고 말씀하셨다. 큰어머니의 말씀을 무시했지만 몸이 너무 고통스러웠다. 교회를 가고 목사님들을 찾아 만나도 해결이 안 되니 무당에게 찾아갈 생각을 했다.

'무당에게 굿을 하고 악한 영을 쫓아내자. 바로 하나님께 회개하고 빈 곳을 기도와 말씀으로 채워서 악한 영이 들어오지 못하게 하자.'

더러운 귀신이 사람에게서 나갔을 때에

물 없는 곳으로 다니며 쉬기를 구하되 쉴 곳을 얻지 못하고

이에 이르되 내가 나온 내 집으로 돌아가리라 하고

와 보니 그 집이 비고 청소되고 수리되었거늘

이에 가서 저보다 더 악한 귀신 일곱을 데리고 들어가서 거하니

그 사람의 나중 형편이 전보다 더욱 심하게 되느니라

이 악한 세대가 또한 이렇게 되리라 (마 12:43-45)

굿을 하고도 나아지지 않으면 그때 자살하기로 결심했다.

큰어머니께 전화를 드렸다.

'따르르르릉'

그 순간이었다. 하나님께서 과거의 기억 하나를 떠오르게 하셨다.

고등학생 때 나는 케이블 TV에서 방영하던 엑소시스트 관련 프로그램을 즐겨 시청했었다. 사람이 보이지 않는 악한 영을 쫓아낸다는 것이 무척 흥미로웠다.

그중 인상 깊은 아저씨 한 분이 있었는데 아저씨는 아내를 미워했고 아내가 일찍 죽었다. 아내의 죽음 후 아저씨에게 아내라고 미혹하는 악한 영이 들어가 여장을 하게 하고 미친 짓을 하게 만들었다. 그

런데 몇 년 뒤 TV 속에서 보았던 아저씨를 우리 동네에서 우연히 보게 되었다.

나는 그 아저씨를 보고 깜짝 놀랄 수밖에 없었다. 워낙 강렬했기에 기억하고 있었던 것이다.

분명 TV속 아저씨가 맞았다.

프로그램은 분명 해피 엔딩이었는데 처음보다 상태가 더욱 심각해져 있었다.

전화벨이 울리는 짧은 시간, 하나님은 과거의 사건을 기억나게 하셨다.

무당에게 가지 말라는 하나님의 경고로 들렸다. 무당에게 가면 내 나중 형편이 처음 형편보다 나빠질 것이라고 말씀하시는 것 같았다.

여호와 이레

악한 영이 드러나자 축하한다고 말씀하신 집사님에게 나는 많은 은혜를 입었다. 알고 보니 집사님도 나와 같이 영적인 고통을 겪으셨다고 했다. 집사님과 나는 가게 사장님과 아르바이트생으로 만났는데 아르바이트를 그만두고도 종종 찾아가 인사를 드렸다. 그것이 인연이 된 것이다. 집사님이 그런 일을 겪으신 줄 어떻게 알았겠는가? 또 내가 이런 일을 겪게 될 줄 누가 알았겠는가? 모두 하나님의 예비하심이었고 인도하심이었다.

집사님께 전화를 드렸고 집사님이 소개해주신 교회에 같이 갔다. 담임 목사님께서 상담 중이셔서 교회 전도사님과 함께 셋이 기도원에 갔다. 기도원에 가는 길에 담임 목사님께 전화가 왔다.

"아까 청년이 들어오는데 성령님이 말씀하셨습니다. 불의 종이라고 하십니다. 상태가 심각하니 도와주라고 하십니다. 교회에서 중보하겠습니다."

기도원에 도착하여 원장님을 기다리면서 헌금 봉투에 기도 제목을 적었다.

'하나님, 제 영혼 하나 보고 살리지 마시고 저를 통해서 살리시겠다고 약속하신 영혼들 생각하셔서 살려주세요. 살려주시면 생명 걸고 살려내겠습니다.'

연세가 있으신 원장님이 들어오셨다. 목사님은 아니셨고 권사님이신데 성결교회에서 신앙생활 하시다가 하나님의 인도로 기도원을 하신다고 했다.

원장님 앞에 앉으니 그 순간 모든 고통이 사라졌다. 할렐루야! (역시 주의 종은 기도해야 한다. 차고 넘치게 기도해서 성령의 능력으로 목회해야 한다. 그래야 영혼들을 살릴 수 있다) 참으로 신기했다.

할머니같이 따뜻하게 아픈 나를 맞아주셨고 기도해 주셨다. 그동안 외적으로 강하신 목사님들만 보다가 부드러운 원장님을 뵈니 마음에 위로가 됐다.

원장님께 기도 받고 집으로 돌아왔다. 그런데 그날 밤 문제가 생겼다. 자려고 누웠는데 사망의 기운이 온몸에서 심장으로 집중됐다. 전보다 심한 두려움이 임했고 심장이 비정상적으로 뛰기 시작했다. 극도의 공포와 두려움이 엄습하여 비명을 지르고 울며 발버둥 쳤다. 몸의 고통보다 죽을 것만 같은 두려움이 더욱 공포스러웠다.

악한 영이 말하는 소리가 들렸다.

"너 왜 기도원 가? 죽고 싶어서 그래?"

얼마나 시간이 지났을까? 고통 가운데 괴로워하던 나는 결국 기절하고 말았다

아침에 눈을 떴다. 어제와 마찬가지로 불안이 나를 엄습했다. 어머니는 시골에 가셨고 아버지는 직장에 계셨다. 집에 아무도 없었다. 친한 교회 동생에게 전화해서 집에 와달라고 부탁했다. 동생을 통해 아버지에게 전화했고 아버지가 집으로 오셨다.

아버지께 말씀드렸다.

"기도원에 데려다주세요."

"무슨 기도원이야? 정신병원이나 가게 일어나."

"정신 병원 갈 테니까 기도원부터 데려다주세요."

기도원에 도착하니 어제 뵀던 원장님이 계셨다. 아버지는 원장님의 말씀을 듣지 않으셨는데 현재 상황이 이해되지 않는 것이었다. 그 순간 문을 열고 원장님의 남편 되시는 장로님께서 들어오셨다.

"노 과장, 자네가 왜 여기 있나? 오랜만일세?"

"네, 잘 지내셨습니까? 아들 문제로 왔습니다."

알고 보니 장로님께서는 아버지의 직장 상사분이었다. 할렐루야!

아버지는 장로님과 나가서 대화를 나누신 후 통곡을 하셨다. 하나

님은 장로님을 통해 아버지의 마음을 만지셨고 나는 기도원에 들어
올 수 있게 되었다.

　모든 것이 주님의 은혜였고 예비하심이었다. 하나님은 전국의 수많
은 기도원 중 나를 이곳으로 인도하셨고 직장 상사인 장로님을 통해
아버지의 마음을 돌리셨다. 하나님의 길은 늘 우리의 생각보다 높다.

> 이는 내 생각이 너희의 생각과 다르며
> 내 길은 너희의 길과 다름이니라 여호와의 말씀이니라
> 이는 하늘이 땅보다 높음 같이 내 길은 너희의 길보다 높으며
> 내 생각은 너희의 생각보다 높으니라 (사 55:8-9)

　기도원 생활이 시작됐다. 세상과 단절되고 기도와 말씀, 예배에만
집중할 수 있었다.

　나는 기도원에 오면 치유 받을 수 있다고 생각했다. 그러나 그것은
나의 착각이었다. 결국, 기도원에서도 치유 받지 못했다. 기도해주시
던 원장님께서 연세가 많으셨기 때문에 힘들어하셔서 집에 돌아가
라고 하셨다. 허망했고 끝이 보이지 않았다. 치유 받지 못할 것 같은
두려움이 생겼다. 희망을 품고 기도원에 왔는데 희망이 컸던 만큼 절
망도 컸다.

　집으로 돌아가는 당일, 짐을 정리하고 먼 산을 바라보고 있었다. 그
때 내 마음 아주 깊은 곳에서부터 '회복된다'라는 성령님의 세밀한
감동이 올라왔다. 지금 현실에서 이루어지지 않았지만, 하나님이 주

시는 감동을 믿음으로 취하고 선포했다. 성령님이 주신 감동이 마음에 일치될 때 기적이 일어난다. 그리고 믿음으로 선포할 때 구원을 받는다.

'하나님이 나를 치유하십니다. 하나님이 나를 건지십니다. 하나님이 나를 통해 영광 받으십니다. 할렐루야.'

환난 날에 나를 부르라 내가 너를 건지리니
네가 나를 영화롭게 하리로다 (시 50:15)

허리수술

집으로 돌아왔다. 영적으로 깨끗한 곳에 있다 보니 나도 모르는 사이에 영안이 열려 있었다. 집에 오니 집 안에 있는 어둠들이 보이기 시작했다. 우리 집 거실에는 무당이었던 증조할머니 사진과, 자살하신 친할머니 사진이 걸려 있었다. 무당이었던 증조할머니 사진에서 머리가 두 개인 뱀이 나타나 나를 공격했고 친할머니 사진 속에서는 뱀 한 마리가 나타나 나를 공격했다.

입을 크게 벌리고 나를 삼키려고 달려들었다. 성경 말씀이 생각났다.

근신하라 깨어라

너희 대적 마귀가 우는 사자 같이 두루 다니며

삼킬 자를 찾나니 (벧전 5:8)

성경 말씀은 비유가 아닌 사실이었다.

고통과 함께 악한 영도 보이고 정신이 없었다. 다행히 얼마 지나지 않아 영안이 닫혔고 더는 악한 영이 보이지 않았다.

엎친 데 덮친 격으로 시술한 허리도 심각해져서 걷지 못하는 지경까지 이르렀다. 영혼과 육체가 심히 고통당하니 아무 생각도 들지 않았다. 살아 있는 의미가 없었다.

허리를 시술한 병원은 집에서 오 분 거리였는데 그 짧은 거리를 걷지 못해서 구급차에 실려 병원에 이송됐다. 몇 가지 검사를 하고 바로 다음날 허리 수술을 했다.

허리 디스크를 많이 제거하여 뼈와 뼈 사이에 보조 장치를 삽입하는 큰 수술을 했다.

나는 수술 후 통증에 잠을 이루지 못했고 밤새 진통제를 투약했다. 몇 시간이나 잤을까 어김없이 불안과 두려움 가운데 눈을 떴다. 병원에 입원해 있는 동안 고통스러워서 날마다 울었는데 소리를 지를 수 없어서 어금니를 꽉 깨물고 침대 난간을 붙잡으며 버텼다.

따뜻한 봄에 시작된 고통은 무더운 여름을 지나 가을까지 계속되었다.

조현병 약을 먹다

아침저녁으로 제법 쌀쌀했다. 떨어지는 낙엽이 내 모습 같아 눈물이 났다. 멍하니 벤치에 누워 푸른 하늘을 바라보았다.

아버지는 나의 상황을 이해 못 하셨고 본인의 방식대로 사랑하셨다. 신앙이 있어도 이해하기 힘든 일을 아들이 겪고 있었으니 얼마나 애가 타셨을까? 아버지는 대학병원 정신과를 예약하셨다.

의사 선생님은 하루 세 알의 약을 처방해 주셨다. 다른 병원에서는 하루 열한 알을 처방해 주었는데 부담이 적었다.

집에 돌아와 강제로 아버지 손에 의해 약을 먹었고 심신이 지쳤던 나는 기절하듯 잠이 들었다.

아침에 눈을 떴다. 매일 불안에 떨며 일어났던 내가 약을 먹고 수개월 만에 잠을 깊이 잤다. 약을 먹고 나니 몸의 통증이 사라졌고 열한 알을 먹었을 때 있었던 멍해지는 부작용도 없었다. 정확한 이유는 모르겠지만 정신과 약을 먹고 나니 악한 영이 주는 육체적 고통이 사라졌다. 한숨 돌릴 수 있었다.

불안하지 않았고 밥도 먹을 수 있고 잠도 잘 수 있었다. 어느 정도 일상생활도 할 수 있게 됐지만 깊은 우울증이 생겼다. 악한 영은 육체의 공격이 아닌 정신과 마음의 문제로 나를 괴롭히기 시작했다.

우울증과 함께 심한 두통이 생겼다. 악하고 더럽고 어두운 생각이 머릿속에서 떠나지 않았는데, 생각이 꼬리에 꼬리를 물고 끊임없이 나를 괴롭혔다. 두통이 심해지자 구토를 자주 했고 우울증이 심해진

나는 술과 담배에 손을 댔다. 내 정신으로는 살 수 없었기에 늘 술에 취해 있었다. 술에서 깨면 현실이 힘들어서 견딜 수가 없었다. 정신적으로 문제가 있는 것도 아닌데 정신과 약을 먹는 것이 수치스러웠다. 목회는 고사하고 대학교 복학도 불확실했다. 그런 나에게 유일한 소망은 천국이었다. 자살하지 말고 정신과 약 먹고 버티다가 천국 가는 것이었다.

아르바이트 하며 돈을 저금하고 부모님께서 돌아가시면 저금한 돈으로 병원 진료를 받고 약을 먹고 버티는 것이 앞으로의 계획이었다. 집 뒤에 대형 마트가 있었는데 그곳에서 청소부를 할 생각으로 이력서를 쓰기도 했다. 비참한 현실에 억울해서 눈물이 났다.

하루는 TV에서 방영하는 개그 프로그램을 시청했다. 웃고 있는데 왈칵 눈물이 쏟아졌다. 다시는 평범하게 살 수 없을 것 같다는 두려움에 흘리는 눈물이었다.

과연 내가 평범하게 살 수 있을까? 평생 이렇게 살게 될까봐 두려웠다.

시간이 지나 허리가 회복되고 공익근무에 복귀할 수 있었다. 허리 보호대를 차고 정신과 약을 가지고 출근했다. 과거의 고통으로 돌아가는 것이 두려워서 이제는 내가 약을 찾아 먹었다. 적어도 약을 먹으면 육체의 고통은 없었다.

나는 약을 가지고 몇 가지 시험을 했다. 일부러 약을 먹지 않은 날도 있었는데 귀신같이 안다는 얘기가 정말 맞는 말이다. 약을 먹지 않았을 때는 속이 메스껍고 몸이 아프기 시작하여 무서워서 바로 약을 먹었다. 약을 먹자마자 몸의 통증이 바로 사라졌다. 어쩔 수 없이 약을 먹을 수밖에 없었다.

이번에는 약을 가지고 다른 시험을 했다. 처방된 세 알 전부를 먹는 것이 아니라 세 알을 반으로 잘라서 반 알씩만 먹었다. 그래도 괜찮 았기에 한동안 약을 세알의 반 알씩만 먹었다.

시간이 지나 다시 시험을 했다. 세 알 중 한 알만 반으로 잘라 먹었 다. 괜찮았다. 그렇게 몇 달의 시간을 두고 내 나름대로 약을 최소화 하기 위해 노력했다.

나는 처방해준 세 알 중 한 알의 반만 먹었다. 내가 먹은 약이 무슨 약인지도 모른다. 내가 만약 조현병 환자였으면 부작용이 있었을 텐 데 반 알만 먹어도 일상생활을 할 수 있었다.

2장
전쟁의 승리,
전리품을 취하다

놀랍게 회복되리라

주일이었다. 예배도 못 가고 낮부터 술을 마셨다. 술에 취해 놀이터 벤치에 앉아 담배를 피우려고 불을 붙였다. 그때 성령님의 감동이 들려왔다.

"태훈아, 회개하고 돌아와야지."

"아…… 알아요. 하나님, 그런데 지금은 하나님께 돌아갈 힘이 없어요. 언젠가는 꼭 돌아갈게요."

오랜만에 들려온 하나님의 음성이었다. 회개하고 돌아오길 바라는 하나님 아버지의 마음이 고스란히 전해져서 담배를 피울 수 없었다. 여전히 하나님은 나를 기다리시며 아파하고 계셨다.

기도가 즐거워 기도에 열심을 내던 나의 모습은 전혀 찾아볼 수 없었다. 방언을 말해보았는데 방언이 나왔다. 그럼 그것으로 된 것이었다. 다시 술을 마시며 현실을 도피했다. 술에 취해 있으면 알딸딸한 기분이 좋았다. 문득 이런 생각이 들었다.

'예전엔 성령님에 취해 기뻤는데 지금 술에 취해 기뻐하네.'

술 취하지 말라 이는 방탕한 것이니
오직 성령으로 충만함을 받으라 (엡 5:18)

성령님의 감동을 받고 며칠이 지나 야간 근무 날이었다. 밤새 컴퓨터를 하며 시간을 죽이는 것도 지겹던 중 고모가 추천해 준 간증이 생각났다. 인터넷에 검색해 보니 천국 지옥 간증이었다.

몇 달 전까지 나는 지옥의 고통을 몸소 경험했기에 나의 유일한 소망은 천국이었다. 그런데 목사님의 간증을 들어보니 신앙생활을 엉망으로 하고 있던 나를 발견하게 됐다. 신앙생활은 성경 말씀대로 하는 것인데 내 마음대로 행한 잘못들을 하나님이 깨닫게 하셨다. 두려운 마음에 바로 그 자리에 엎드려 회개했다. 살고 싶어서 하염없이 눈물이 쏟아졌다. 더는 이렇게 살 수 없었다.

'하나님 잘못했습니다 살려주세요.'

아무도 없는 지하철 기지 경비실에서 나는 밤새 회개의 눈물을 흘렸다.

야간 근무를 마치고 근무가 비번인 다음날 나는 새벽 예배에 참석했다. 새벽 설교 말씀이 끝나고 기도시간이었다.

'하나님 살려주세요 살고 싶습니다.'

그 순간 하늘 문이 열리고 하나님께서 황금색 대접에 있는 기름을 나에게 쏟으시는 것을 보았다.

황금색 빛이 내게 임했는데 어둠이 떠나가고 기쁨과 평안함이 차고 넘치기 시작했다.

'회복할 수 있다'라는 강한 감동이 마음에 부어졌다.

'회복했다 이제부터 역전된다 감사합니다 하나님!'

마침내 위에서부터 영을 우리에게 부어 주시리니

광야가 아름다운 밭이 되며

아름다운 밭을 숲으로 여기게 되리라 (사 32:15)

믿음으로 취하고 나는 바로 조현병약을 끊었다. 의사 선생님과 부모님 모두 만류하셨다.

"약을 갑자기 끊으면 위험합니다. 시간을 두고 약을 조절하는 것이 안전해요"

"선생님, 저는 조현병이 아닙니다. 하나님이 저를 치유하셨습니다. 저는 지금도 약을 먹지 않고 있습니다. 그리고 앞으로도 절대 먹지 않을 것입니다."

나의 객기가 아닌 성령님이 주시는 강한 확신 가운데 믿음으로 반응했다.

하루 이틀이 지났다. 한 달 두 달이 지나고 1년 2년이 지났다.

약을 먹지 않아도 고통이 전혀 없었다.

10년이 지난 지금도 나는 정신과 약을 먹지 않는다. 할렐루야!

기도 응답

고통 가운데 나는 집사님의 소개로 미국에서 사역하시는 목사님께서 운영하시는 인터넷 카페에 중보기도를 올렸었다. 중보기도 제목을 올리면 중보기도 훈련을 받으신 분들이 나를 위해서 기도해주시고 하나님께 받은 기도 응답을 댓글로 적어주셨다. 그분들과 나는 일면식도 없었는데 놀랍게도 현재 나의 상황에 맞는 응답을 주셨고 그분들의 중보기도를 통해 많은 위로를 받았다.

어둠의 긴 터널을 걷고 있을 때 그분들은 이런 기도 응답을 주셨다.

1) 형제님이 울고 계세요. 악한 영이 형제님의 온몸을 창으로 찔러서 상처가 났네요.
2) 형제님이 개울을 걷고 있는데 갑자기 물이 불어났습니다. 형제님이 어떻게 할 줄 몰라 발을 동동 구르고 있을 때 주님이 나타나셔서 형제님을 등에 업고 개울을 건너십니다.
3) 휠체어에 앉은 형제님을 주님이 친히 밀고 가고 계세요.

고통 가운데 신음하던 순간에도 주님은 나와 함께하고 계셨다. 내가 어찌할 수 없는 상황 가운데 주님은 나를 업고 한 걸음 한 걸음 걷고 계셨다.

회복 후 나는 나의 상황에 대해 구체적으로 기록하지 않고 '중보기도 해주세요.'라는 짧은 글을 올렸다.

1) 형제님이 앞으로 영적인 장수가 될 것입니다. 악한 영들이 형제님을 무서워합니다.
2) 주님의 보혈의 강에 형제님이 있습니다. 하나님이 머리부터 발끝까지 형제님을 보혈의 강에 담그십니다.
3) 형제님을 통해 많은 사람이 위로를 받는다고 하십니다.
4) 하나님께서 성령의 기름통을 보여주셨습니다. 하나님께서 강권적으로 형제님을 기름통에 넣으셨습니다.

한 성령님께서 그분들을 통해 '회복'의 말씀을 주셨다.
회복 후 어느 날, 아침 일찍 기도원 목사님께 전화가 왔다.
"태훈아, 하나님께서 너를 회복시키신다는구나!"
"아멘! 목사님 진짜로 하나님이 저를 회복시키셨어요! 할렐루야!"

내가 죽지 않고 살아서
여호와께서 하시는 일을 선포하리로다 (시 118:17)

귀신 잡는 공익

악한 영의 고통에서 벗어났다. 그 누구보다 영적인 고통을 받는 사람들의 아픔이 이해됐다. 그리고 어떻게 그들을 도와야 하는지 알게 됐다.

영적인 고통을 겪는다는 것은 당사자에게 어떤 일보다 충격과 상처가 된다.

사람마다 개인 차이가 있지만 그들에게 일단 성경 말씀으로 영적인 원리와 해결책을 제시해 주어야 한다. 주먹구구식으로 말씀과 기도, 회개, 금식을 강요하면 안 된다.

그것을 모르는 것이 아니다. 왜? 해야 하는지에 대한 성경적인 접근과 당사자의 이해가 필요하다.

행동은 다음 문제다. 바른 지식 위에 바른 행동을 할 가능성이 크다. 알았다고 모두 행동하는 것은 아니지만 바른 지식 위에 행하는 믿음이 건강하다. 그러나 그 행함조차 나의 행함이 아니라, 성령님의 절대적인 도움이 필요하다.

나 같은 경우가 그랬다. 기도, 말씀, 회개, 금식을 모르는 것이 아니었다. 왜? 라는 질문에 대한 답이 해결되지 않아 답답했다. 덮어 놓고 믿는 것이 믿음이 아니다. 회복 후 나는 그리스도 안에서 성령님을 통해 기도와 말씀으로 내가 겪었던 아픔들이 논리적으로 깨닫는 은혜가 있었다. 4차원 이상인 영적인 세계를 말씀에 기초하여 3차원을 사는 사람들에게 설명하고 같은 아픔을 가지고 있는 자들을 도울 수 있었다.

이 구원에 대하여는 너희에게 임할 은혜를 예언하던
선지자들이 연구하고 부지런히 살펴서 (벧전 1:10)

A 군을 만나다

회복 후 나는 영적으로 고통 당하고 있는 사람들을 도와주는 통로
가 됐다. 나의 이야기를 들은 지인들을 통해 연락이 닿았고 목사님부
터 동성애자까지 다양한 사람들을 도와줄 수 있었다.

그 중 기억에 남는 동생과의 일화를 소개해 보려 한다.

하루는 경기도에서 집회가 있었다. 나는 대전에서 경기도까지 가서
집회에 참석했고 제일 앞자리에서 예배를 드렸다.

내 옆으로 한 가족이 앉아 있었는데 그분들과 간단한 인사를 나누
고 대전으로 돌아왔다.

며칠이 지나 친한 친구에게 전화가 왔다.

"태훈아, 우리 교회에서 부흥회가 있는데 올래?"

"알겠어."

감리교회를 다니고 있는 친구의 교회에서 부흥회가 있다는 소식이
었다.

부흥회 참석 후 약속이 있었던 나는 기도시간에 먼저 나와 버스 정
류장으로 향했다. 그때 누가 나의 등을 두드렸다.

"안녕하세요. 여기서 다 뵙네요?"

"누구세요?"

"그때 그 집회에서 만났었잖아요."

경기도에서 있었던 집회에서 옆자리에 앉아 계시던 권사님이셨다.

간단한 인사를 나누고 급히 자리를 나왔다.

순간 하나님의 뜻이 있을 수도 있겠다는 마음이 들었다. 세상은 우연이라고 말하지만, 하나님 안에 있는 자들은 모든 것이 하나님의 섭리이기 때문이다.

'하나님, 한 번 더 만나게 하신다면 대화를 나누어 볼게요.'

돌아오는 주일 나는 친구의 교회를 한 번 더 방문하게 됐다.

친구는 처음 셀장으로 청년부를 섬기게 됐는데 함께 와서 예배를 드리면 어떻겠냐며 제안을 했다.

마침 우리 교회 예배시간과도 겹치지 않았다. 하나님께 기도했다.

"하나님, 친구 교회 가도 될까요?"

"가도 된다."

'가도 된다'라는 감동에 순종하여 예배에 참석했다.

청년부 예배였는데, 부흥회에서 만났던 권사님과 가족이 보였다.

'아! 하나님의 뜻이 있구나.'

예배를 마치고 문 앞에서 가족을 기다렸다. 권사님과 인사를 나눈 후 며칠 동안 기도했던 내용을 말씀드렸다.

"사실 이렇게 뵙게 된 것이 우연이 아니라는 마음이 들었습니다. 한 번 더 만나게 된다면 대화해보겠다고 기도했는데 시간이 되시면 대화를 나눠도 될까요?"

"네, 좋아요."

교회 카페에 앉아 대화를 나누었다. 알고 보니 권사님의 아들이 조현병과 귀신들림의 증상이 있어서 정신과 치료를 받고 있다고 했다.

하나님의 섬세하심에 소름이 돋았다. 그분들의 고향은 대전이 아니라 경상도라고 했는데 남편분의 직장 때문에 잠깐 대전에서 지내게 될 때 나를 만나게 되었다.

A 군은 고집이 강했다. 학창시절 왕따를 당하며 상처가 컸고 게임 중독이었다.

복합적인 이유가 틈이 됐고 그 틈을 통로로 악한 영이 역사했다.

자신은 '예수'이고 엄마는 '마리아'라고 했다. 마음이 따뜻한 동생이었는데 잘못된 환경과 상처가 이 동생을 아프게 했다.

감사하게도 우리 집 근처에 살고 있어서 자주 보며 시간을 보냈다. 대학도 대전으로 진학한 상태여서 우리는 짧은 시간에 가까워질 수 있었다. 동생을 위해 중보기도를 하고, 함께 기도하고 성경을 보며 하나씩 회복해 갔다. 7년이라는 시간을 주 4회 이상 보며 함께 지냈다.

그런데 문제가 하나 있었다. 동생의 고집이 굉장히 강해서 말씀을 전혀 듣지 않았다.

이스라엘은 완강한 암소처럼 완강하니
이제 여호와께서 어린 양을 넓은 들에서 먹임 같이
그들을 먹이시겠느냐 (호 4:16)

치유와 회복의 속도가 느렸다. 정확히 말하자면 쳇바퀴 도는 것의 연속이었다. 좋아지는 듯 하다가 다시금 고집을 피워 자신을 하나님이 아닌 악한 영에게 내주었다.

"아무개야! 고집은 교만이야. 하나님 말씀을 깨닫고 들어야 회복이 있어."

"그건 형 생각이고요!"

하나님의 말씀을 전혀 듣지 않았다. 5년이란 시간이 무의미하게 흘러갔다.

365일 중 250일 이상을 만나며 시간을 보냈는데 5년이 지났으니 지칠 만도 했다.

결국, 내가 살기 위해서 거리를 멀리했고 몇 달의 시간이 지났다.

시간이 지난 어느 날, 기도 중에 선명한 하나님의 감동이 마음에 부어졌다.

"네가 조금만 참지 그랬니……."

동생을 사랑하는 하나님의 마음이 고스란히 전해졌다.

"죄송합니다. 하나님."

기도를 마친 후 동생에게 사과의 문자를 보내려는 찰나, 동생에게서 문자가 왔다.

자연스럽게 관계가 회복됐고 동생의 진심 어린 말 속에서 회복의 가능성을 보았다.

"저는 제가 생각과 마음을 다스리면 되는 줄 알았어요. 그런데 안 되더라고요. 형이 말씀하신 대로 기도를 하니 생각과 마음이 다스려

지더라고요."

동생은 처음으로 말씀을 듣고 깨달았다. 그 결과 빠르게 회복했고 얼마 지나지 않아 조현병약을 끊고 정상적인 생활이 가능해졌다.

우리가 이것을 말하거니와

사람의 지혜가 가르친 말로 아니하고

오직 성령께서 가르치신 것으로 하니

영적인 일은 영적인 것으로 분별하느니라 (고전 2:13)

귀신들림의 이해

내가 영적인 고통 가운데 힘들었던 것 중 하나는 영적인 세계에 대한 체험과 이해 없이 나에게 함부로 말하는 사람들의 언행이었다.

"네가 예수를 믿지 않기 때문에 귀신들린 것이다."

그러나 성령 사역을 하시는 목사님들치고 성도에게서 악한 영을 쫓지 않으시는 분이 없다.

성령님의 임재가 충만한 예배에서는 악한 영이 드러나고 난동 부리는 모습을 자주 목격할 수 있다.

하루는 귀신들린 친구를 도와준 적이 있는데 그 친구의 어머니는 목사님이셨고, 아버지는 집사의 직분으로 교회를 섬기고 계셨다.

평범하게 신앙생활을 하셨던 분들이었는데 자녀의 이상행동에 악한 영의 역사에 대해 인정하지 않을 수 없었다고 하셨다.

"저는 악한 영에 대해서 모르고 살았습니다. 그런데 제 아들이 하는 일들을 보면 귀신들림이 아니고선 도저히 설명할 수가 없습니다."

"제가 목사인데도 영적인 세계를 모르니 아들의 고통을 도와줄 수가 없더라고요. 아들이 고통받고 있는데 차마 성경 보라는 말을 할 수가 없었습니다."

부모님들의 솔직한 고백이었다.

영적인 세계는 오직 영적인 일들로만 분별할 수 있다. 직분을 가졌다고 알아지는 것이 절대 아니다.

어느 목사님의 간증을 들은 적 있다. 설교시간에 앞에 앉아 있던 성도에게 악한 영이 드러나 예배를 방해했다는 것이다. 목사님께서 악한 영을 대적했지만 도리어 악한 영은 목사님을 조롱했다고 한다. 그 모습을 지켜보던 할머니 한 분이 뒤에서 나오셔서 '떠나가라'고 기도하셨고 그 성도는 거품을 물고 쓰러졌다고 한다.

할머니는 매일 새벽에 기도하시던 분이셨는데 목사님은 기도하지 않던 자신이 부끄러웠다고 한다.

이르시되 기도 외에 다른 것으로는
이런 종류가 나갈 수 없느니라 하시니라 (막 9:29)

우리가 구원받을 때 우리의 영 안에는 그리스도의 영이 함께 하신다.

따라서 우리의 영에는 성령님 외에 어떤 악한 영이 들어올 수 없지만 혼과 육에는 죄와 상처, 잘못된 믿음과 삶을 통해 악한 영이 얼마든지 영향을 미칠 수 있다.

정도의 차이는 있지만, 그리스도인들도 악한 영에 눌려 자신의 마음과 육신을 통제하지 못하는 경우를 종종 볼 수 있다. 많은 그리스도인들이 악한 영에 고통받는 것은 부인할 수 없는 사실이다.

우리의 삶이 죄에 거하는 생활을 하면 악한 영이 그것을 통로 삼아 우리에게 영향을 미친다.

우리가 귀신들림이라 할 때 흔히 하는 생각은 '하나 혹은 여러 귀신이 사람 몸에 들어오면 사람의 인격이 변하고 괴력을 행하고 비상식적이고 더러운 행동을 한다'는 것이다. 맞는 얘기다.

그러나 성경에 귀신 들린 자라고 번역된 헬라어 단어는 '악한 영에 의해 성가시게 괴롭힘을 당하다, 사로잡히다'라는 의미가 있다.

단지 귀신들림을 악한 영이 들어오고 나가고의 문제가 아니라 '악한 영의 영향력'이라고 정의하면 이해하기 쉬울 것이다.

악한 영의 영향력은 사람마다 다르다. 흔히 귀신들렸다고 말하는 자들은 다른 사람들보다 더욱 강한 영향력에 사로잡혀 있는 상태이다.

성경과 영적 세계의 체험, 영 혼 육의 구조를 이해하는 지식 없이 함부로 말하는 것은 연약한 지체들에게 평생 씻을 수 없는 상처가 된다. 어느 자매는 목회자의 무분별한 언행과 축귀 사역으로 인해 고통 받다가 자살했다고 한다. 두려움, 수치심, 혼란, 고통과 상처를 견디지 못한 것이다.

악한 영에 쉽게 노출되는 사람들

악한 영의 영향력은 사람마다 다르지만 거룩함을 좇아 살지 않는 만큼 악한 영의 영향력에 노출되고 있음을 명심해야 한다.

축귀 사역을 하다 보면 문제가 심각한 사람들은 크게 세 분류로 나눌 수 있다.

첫째, 우상 숭배하는 집안에서 신앙생활을 하는 사람들이다.

축귀 사역을 했을 때 그 강도가 심한 사람의 대부분은 첫 대로 예수를 믿는 사람들이었다. (그래서 첫 대로 신앙생활 하기가 쉽지 않다고 하는 것이다)

부모로부터 믿음의 유산을 받고 시작하는 신앙과 부모로부터 우상숭배라는 죄의 영향력에서 신앙생활 하는 것은 하늘과 땅 차이다.

(가계의 저주를 얘기하는 것이 아니다. 우리 조상이 무당이었기 때문에 내가 저주를 받는 것이 아니다) 우상숭배를 통해 가정 가운데 죄의 문을 열어주고 그 열린 문을 통해 어둠이 역사하는 것이다. 가문의 대물림이

있는 악한 영은 절대 쉽지 않다.

둘째, 예민하여 상처를 잘 받는 사람들이다.

우리의 성향이 예민하다는 것은 영의 기질이 예민하다는 것을 의미한다. 영이 예민한 사람들은 다른 이들의 마음을 잘 느끼고 영적인 세계가 남들보다 쉽게 열리는 장점이 있지만, 상처를 잘 받는 단점이 있다.

영이 예민한 사람은 영적인 힘이 약하기 때문에 상처에 쉽게 노출된다. 이런 자들은 기도와 말씀을 통해 영적인 힘을 기르는 것이 중요하다. 속사람이 강건해야 외부에서 날아오는 화살을 막을 수 있는 것이다.

축귀 사역을 하며 만나는 두 번째의 부류가 이런 사람들이었다. 영적으로 예민하여 영의 세계에 쉽게 노출되지만, 상처가 많아서 악한 영이 쉽게 역사하고 삶을 파괴했다.

나의 경우는 위의 두 가지 경우가 혼합되어 있었다. 집안의 영적인 배경도 좋지 않았고, 가정에서 받은 상처가 컸기 때문에 심한 고통을 겪었다.

셋째, 죄에 거하는 삶을 사는 사람들이다.

악한 영은 죄라는 통로로 우리에게 영향력을 행사한다. 믿음과 행동이 함께 하듯, 죄와 악한 영은 함께 일한다.

우리의 삶이 성령 안에서 말씀과 기도로 거룩해지지 않는다면 죄에 거하는 삶을 살 수밖에 없다. 아무리 윤리적으로 옳다 해도, 성령님이 아니라 내가 주체이기에 죄이다.

어린이 사역을 하며 깨닫는 것이 있다. 게임과 TV, 유튜브에 빠진 아이들은 말씀이 쉽게 들어가지 않는다. 그 안에 들어 있는 죄들이 아이들을 장악하고 움직이는데 점점 죄의 영향에 노출되는 것을 볼 수 있다.

마찬가지로 내가 주인이 되어 육체의 욕심과 마음이 원하는 것을 따라 행하는 자들은 성령님의 통치가 아니라 악한 영의 영향력에 더욱 노출된다.

사람 안에 죄가 자리 잡게 되면 죄의 크기만큼 하나님과 멀어지게 된다.

이런 자들은 회개를 외치는 하나님의 말씀을 거부하는데 그 안에 있는 죄가 듣기 싫은 것이다. 죄 탓에 마음이 완악해지고 그 결과 영적인 눈과 영적인 귀가 닫히고 공의와 구원에서 멀어지게 된다. 회개하지 않는 죄는 인생의 악순환을 일으킨다.

그러나 바로의 마음이 완악하여 그들의 말을 듣지 아니하니
여호와의 말씀과 같더라 (출 7:13)

악한 영에 대한 잘못된 태도 3가지

적을 알고 나를 알면 백전백승이다. 그리스도 안에 있는 내가 누구인지 그 권세와 권능이 무엇인지 아는 것이 중요하다. 구원받은 나는 왕의 자녀로 이 땅을 다스리고 주의 뜻을 이루는 존재이다.

우리의 신앙생활은 하나님의 나라(통치, 주권, 다스림)를 이루며 주어지는 풍성한 은혜를 누리는 것인데 이를 방해하는 원수가 있다. 그 원수와의 싸움도 신앙생활에 포함된다.

우리는 원수를 추상적으로만 알고 있다.

우리에게 역사하는 이유와 목적을 모르니 죽이고 도둑질하고 멸망시킨다는 말씀이 나와는 상관없다. 당하면서도 당하는 것을 모르는 것이다.

그리고 원수를 대하는 태도도 왜곡되어 있는데 우리가 악한 영을 대하는 태도는 크게 세 가지로 나눌 수 있다.

첫째, 악한 영에 대해 아무 관심이 없다.

신앙생활은 영의 소욕과 육신의 소욕이 싸우는 영적 생활이다. 영의 소욕은 성령님의 통치와 인도함을 받는 것이고 육신의 소욕은 악한 영의 통치와 인도함을 받는 것이다.

육신을 따르는 자는 육신의 일을,

영을 따르는 자는 영의 일을 생각하나니

육신의 생각은 사망이요

영의 생각은 생명과 평안이니라 (롬 8:5-6)

성경이 분명하게 말씀하고 있어도 깨닫지 못한다. 왜냐하면, 내가 육신대로 살고 있으므로 마음의 눈과 영의 귀가 닫혔기 때문이다. 보지 못하고 깨닫지 못하고 듣지 못하니 더욱 사로잡히는 악순환의 연속이다.

즉 악한 영의 일들에 아무 관심 없이 세상을 살아간다. 이런 자들은 내가 지고 있으면서도 지는 것을 모르는데 시험 든 자가 시험 든 것을 모르는 것과 같은 이치다.

둘째, 악한 영의 존재에 대해 부정한다.

21c 과학 문명에 살고 있기 때문에 악한 영이 없다고 믿는다.

이런 자들은 말씀을 따르는 것이 아니라 자신의 이성을 만족시켜 주는 철학과 초등학문을 따르는 것을 볼 수 있다.

지금도 여전히 신 내림이 있고 영적인 현상들이 있다. 양심만 속이지 않는다면 믿는 자나 믿지 않는 자 모두 영적 존재에 대해 거부할 수 없다.

그러나 나의 이성이 주인 되었기 때문에 이성의 영역 밖의 일들은 거부한다. 눈 가리고 아웅 하는 식이다.

이런 자들은 신앙생활도 자기 이성의 영역에서만 하는 것을 볼 수 있다. 성경에서 말하고 있는 기적과 은사를 거부하는 경향을 보인다.

누가 철학과 헛된 속임수로 너희를 사로잡을까 주의하라
이것은 사람의 전통과 세상의 초등학문을 따름이요
그리스도를 따름이 아니니라 (골 2:8)

셋째, 악한 영에 대해 두려움을 가진다.

내가 그랬다. 너무 호되게(?) 고통받다 보니 한동안 악한 영을 두려운(?) 마음으로 대적했다. 성령님을 다섯 번 부르면 악한 영도 다섯 번은 언급했다. 삶의 자유함이 없었고 악한 영에 대한 두려움이 나를 옭아맸다.

첫 번째, 두 번째 태도보다는 악한 영의 실체에 대해 안다는 것은 다행스러운 일이지만 그 이상, 두려움에 영향받는다면 문제가 된다.

내가 악한 영의 두려움에서 온전히 벗어나는 계기가 있었다.

대학에 복학하고 친하게 지내는 친구가 있었는데 하루는 친구가 나에게 조언을 해주었다.

"태훈아, 네가 자유 함이 없는 것 같아. 악한 영보다 하나님을 더 찾는 게 어때?"

할렐루야! 내가 무엇을 잘못하고 있는지 깨닫지 못했는데 친구의 조언은 내게 복음이었다. 친구의 조언대로 삶에서 악한 영을 언급조차 하지 않았고 하나님을 더욱 부르며 찾았다.

그 결과 내 안에 기쁨과 자유함을 회복했고, 성령이 충만한 만큼 어둠이 떠나갔다.

진리를 알지니 진리가 너희를 자유롭게 하리라 (요 8:32)

3장
지피지기면 백전백승

악한 영을 대하는 바른 태도

앞장의 세 가지 모두 건강하지 못한 태도이다. 성경은 분명 악한 영의 역사가 있으니 깨어 정신을 차리라고 말씀하고 있다. 또한, 예수님께서 이미 승리하셨기 때문에 두려워하지 말고 담대하라고 말씀하고 있다. 나의 경험상 악한 영에 대한 태도 중 가장 건강한 것은 악한 영이 아닌 하나님께 온전히 집중하는 것이다. 아이러니하지만 우리가 하나님과 친밀하지 않기 때문에 악한 영의 존재에 대해 무지한 것이다.

빛이 임하면 어둠이 드러난다. 어둠의 일을 모르는 것은 역설적으로 빛 되신 하나님의 일을 모른다는 것을 의미한다. 하나님을 머리로 아는 것이 아닌 하나님을 경험할수록 어둠의 일은 자연스럽게 알아지고 분별된다. 하나님의 성령이 나를 통치하시고 나를 빛으로 비추시면 내 안의 어둠의 일이 드러나게 된다. 드러나지 않기에 모르고 모르기에 속는 것이다.

(위조지폐를 감별하는 능력은 진폐를 바로 아는 것이다. 진짜를 바로 알 때 거짓은 드러나게 된다)

신앙생활은 구원받은 하나님의 자녀로서 이 땅에 임한 하나님의 나라를 유업으로 누리는 삶이다. 그의 나라와 의를 구하는 삶을 살 때 우리는 풍성한 은혜를 경험하게 된다.

구원받은 우리의 신분은 왕의 자녀로서 이 땅을 다스리는 존재다.

> 성도가 세상을 판단할 것을 너희가 알지 못하느냐 (고전 6:2)

태초에 아담과 하와에게 주셨던 '다스리라'는 권세를 구원을 통해 회복했다. 그런데 이것을 방해하는 세력이 있다. 바로 악한 영이다. 그래서 우리는 악한 영을 대적해야 한다.

무지해도 안 되고 부정해도 안 된다. 두려움이 아닌 담대함으로 대적하며 나아가야 한다. 우리가 하나님의 통치 안에서 하나님 나라의 삶을 사는 만큼 악한 영의 영향력은 내 삶에서 힘을 잃어 가는데 나의 삶 가운데 빛 되신 성령님의 부재가 어둠이 역사하는 틈을 만드는 것이다.

> 나라가 임하시오며
> 뜻이 하늘에서 이루어진 것 같이 땅에서도 이루어지이다 (마 6:10)

거룩한 삶이 정답이다

내가 지금 쓰는 글은 소위 귀신들린 자에게 쓰는 것이 아니다. 예수를 믿는 우리 모두를 위해 쓰는 것이다. 나와 상관없다고 생각하는 그 생각이 바로 어둠이 주는 속이는 생각이다.

우리는 육신의 장막을 벗는 순간까지 영적 전쟁의 한복판에 놓여 있다.

예수님의 초림으로 임한 하나님 나라가 예수님의 재림으로 완성된다.

하나님 나라의 완성을 바라보며 시간은 흐르고 있고 그날이 가까이 올수록 영적 전쟁은 더욱 치열해질 것이다. 이기면 살고 지면 죽는다.

더러운 귀신이 사람에게서 나갔을 때에

물 없는 곳으로 다니며 쉬기를 구하되

쉴 곳을 얻지 못하고 이에 이르되

내가 나온 내 집으로 돌아가리라 하고 와보니

그 집이 비고 청소되고 수리되었거늘

이에 가서 저보다 더 악한 귀신 일곱을 데리고 들어가서 거하니

그 사람의 나중 형편이 전보다 더욱 심하게 되느니라

이 악한 세대가 또한 이렇게 되리라 (마 12:44-45)

악한 영이 사람으로부터 나갔는데 악한 영이 쉬기를 구했던 곳은 물이 없는 곳이었다. '물 없는 곳'을 다양한 의미로 해석할 수 있지만 '주권'의 관점으로 이해하면 '하나님의 통치를 받지 않는 곳'으로 정의할 수 있다. 하나님의 영광이 온 땅에 충만하므로 악한 영은 사람의 몸을 집으로 삼으려고 한다.

악한 영이 사람에게서 나갔지만, 그 사람은 전과 동일한 삶을 살았다. 악한 영이 나간 곳에 예수 그리스도 안에 있는 믿음으로 터를 닦고, 기도와 말씀으로 기둥을 세우며 성령님으로 인테리어하고 주인을 모셨어야 했는데 그렇게 하지 않았다. 그 결과 그 집은 텅 비었고 악한 영은 자기보다 더 악한 친구 일곱을 데리고 와서 그 사람의 나중 형편을 전보다 더 불행하게 만들었다.

> 만일 그들이 우리 주되신 구주 예수 그리스도를 앎으로
> 세상의 더러움을 피한 후에 다시 그중에 얽매이고 지면
> 그 나중 형편이 처음보다 더 심하리니 (벧후 2:20)

삶의 변화가 없었다는 것이 이 사람의 문제였다. 기도와 말씀으로 변화되는 거룩함이 없었다. 성령님은 거룩한 영이시기에 성령님의 통치가 있는 곳은 거룩하여지고 그곳에는 악한 영의 영향력이 끊어진다.

축귀 사역 후 가장 중요한 것은 세상의 우상으로부터 하나님에게로 돌이키는 회개의 삶이다. 회개에 합당한 열매를 맺으며 거룩한 삶을 사는 것이 핵심이다.

4가지 승리의 모습

흔히 영적인 문제가 있으면 기도원을 가거나 영적인 치료에 집중하면 될 것으로 생각한다. 하지만 우리의 영혼과 육체는 그렇게 단순하지 않다. 영혼과 육체는 서로 독립적으로 존재하는 것이 아니라 유기적으로 관계를 맺고, 영향을 주고받으며 존재하고 있다. 그렇기 때문에 서로 균형 있게 바라보고 이해하여 전인적인 치유에 집중해야 한다. 전인적인 회복을 통해 온전한 그리스도인의 삶을 살도록 돕는 것이 치유의 목적이다.

영적 전쟁에서 승리하는 비결 네 가지가 있다.

첫째, 건강한 육신에 건강한 정신이 깃든다.

축귀 사역을 위해 상담을 하며 내가 하는 조언이 있다.
'밤에 일찍 자고 아침 일찍 일어나세요. 좋은 음식을 드시고, 저녁은 가능하면 금식하세요. 물을 많이 드시고 하나님이 창조하신 자연에서 시간을 많이 보내세요. 하루에 30분 이상 햇볕을 받고 땀을 흘리며 운동하는 것이 좋습니다.'
영적인 치유와 상관없어 보이지만 육신의 건강은 치유에 큰 도움이 된다.
건강한 육신에서 건강한 정신이 깃든다. 축귀 사역을 하다 보면 많은 경우 삶의 균형이 무너진 것을 보게 되는데 육신의 건강을 회복하는 것이 중요하다. 우리가 우울증에 걸리는 이유 중 하나는 땀 흘려 운동하지 않기 때문이다. 몸에 독소가 쌓이고 배출되지 않는 것이 정신 건강에 부정적인 영향을 미친다.

또 하나의 우울증 원인은 도파민 수치 부족이다. 쉬운 치료법은 햇볕을 쬐는 것인데 햇볕을 쬐면 도파민 수치가 올라가 우울증 치료에 도움을 준다. 봄, 여름보다 가을 겨울에 우울증 환자가 증가하는 것이 이런 이유이다.

우리의 혼은 하나님이 창조하신 자연을 볼 때 쉼을 누린다. 나는 개인적으로 숲과 산을 좋아하는데 맑은 공기를 마시며 푸른 나무를 볼 때 마음과 정신이 쉼을 누리는 것을 경험한다.

나는 산에 있을 때 하나님의 임재를 더욱 깊게 느낀다. 하나님의 창조 질서 안에서 마음이 안정되기 때문에 더욱 하나님을 바라볼 수 있는 것이다.

둘째, 기도로 승리하라.

성경은 기도 외에는 이런 종류(악한 영)의 것이 나가지 않는다고 말씀한다. 그리고 마가복음은 믿는 자가 악한 영을 쫓는다고 말씀한다.

> 믿는 자들에게는 이런 표적이 따르리니
> 곧 그들이 내 이름으로 귀신을 쫓아내며 새 방언을 말하며 (막 16:17)

기도와 믿음이 있어야 악한 영을 쫓아낼 수 있다. 즉 믿는 자는 기도하고 기도하는 자가 믿음 있는 사람이다. 따라서 기도하는 자에게서만 믿는 자의 능력이 나타나는 것이다.

모든 기도와 간구를 하되 항상 성령 안에서 기도하고
이를 위하여 깨어 구하기를 항상 힘쓰며
여러 성도를 위하여 구하라 (엡 6:18)

사도바울은 기도하되 항상 성령 안에서 기도하라고 권면한다. 이 말씀은 악한 영을 대적할 때 입는 전신 갑주에 대한 설명에 이어서 나오는 말씀이다. 전신 갑주를 다 입었으면 이제 성령 안에서 기도하라는 것이다. 성령 안에서 하는 기도가 무엇일까? 몇 가지로 정의할 수 있지만, 우리가 쉽게 행할 수 있는 기도는 방언을 말하는 것이다. 방언은 혼의 기도가 아니라 영의 기도다.

홀연히 하늘로부터 급하고 강한 바람 같은 소리가 있어
그들이 앉은 온 집에 가득하며
마치 불의 혀처럼 갈라지는 것들이 그들에게 보여
각 사람 위에 하나씩 임하여 있더니
그들이 다 성령의 충만함을 받고 성령이 말하게 하심을 따라
다른 언어들로 말하기를 시작하니라 (행 2:2-4)

악한 영을 쫓아내는 것은 내가 기도했기 때문이 아니다. 성령 안에서 기도할 때 성령님이 친히 쫓아내시는 것이다. 그래서 영적 전쟁에서 성령 안에서 방언으로 기도하는 것이 중요하다.

> 방언을 말하는 자는 자기의 덕을 세우고
> 예언하는 자는 교회의 덕을 세우나니 (고전 14:4)

방언으로 말하는 것은 자기의 덕을 세운다고 말씀하고 있다. 덕을 세운다의 의미는 '건축하다, 확고히 하다, 짓다, 세우다'이다. 즉 방언을 말하는 것이 내 영을 세우며 속사람을 강건하게 하는 것이다. 속사람이 강건해지면 어떻게 되는가?

> 그러므로 우리가 낙심하지 아니하노니
> 우리의 겉 사람은 낡아지나
> 우리의 속사람은 날로 새로워지도다 (고후 4:16)

속사람은 날로 새로워지고 겉 사람은 낡아지게 된다. 악한 영의 역사는 이 겉 사람(육체)에서 일어난다. 속사람(그리스도 안에 있는 새로운 피조물, 영적 존재)이 겉 사람(육체)을 다스리는 것이 영적 전쟁의 핵심이다. 그래서 속사람이 강건해야 한다. 이것은 오직 기도로만 가능하다.

… 우리를 사랑하사
그의 피로 우리 죄에서 우리를 해방하시고 (계 1:5)

또한, 보혈 기도를 많이 해야 하는데 악한 영은 주님의 보혈을 싫어한다. 보혈에 하나님의 생명이 있기 때문에 악한 영은 주님의 보혈을 두려워한다. 나는 샤워를 하며 늘 '주님의 보혈로 샤워합니다'라는 선포를 한다. 믿음으로 기도할 때 역사가 일어난다. 물을 마실 때도 '주님의 보혈을 마십니다. 온몸에 주님의 생명이 흐르게 해주세요.'라고 기도하고 마신다. 많은 찬양 중 보혈 찬양에 성령님의 임재가 강한 것을 느낀다. (지극히 개인적인 체험이다)

삶의 구석구석, 주님의 보혈의 능력이 역사하길 기도한다. 모든 부정하고 더러운 곳에 주님의 보혈을 뿌리면 회복되는 것을 자주 경험한다. 보혈을 뿌리고 마시고 덮어라. 보혈이 덮이는 곳에 하나님의 생명이 역사하기 때문에 보혈 안에 있을 때 우리는 안전하다. 보혈 기도는 어려운 것이 아니다. 주님의 보혈의 은혜와 능력을 믿고 입으로 선포 하는 것이다. '나의 영혼 육에, 인생에, 사역에, 가족에게, 물질, 건강, 관계에 주님의 보혈을 뿌립니다. 하나님의 생명으로 역사해 주세요.' 믿음으로 선포할 때 역사가 일어난다.

우슬초 묶음을 가져다가 그릇에 담은 피에 적셔서
그 피를 문 인방과 좌우 설주에 뿌리고
아침까지 한 사람도 자기 집 문밖에 나가지 말라 (출 12:22)

셋째, 말씀으로 승리하라.

거시적인 관점에서 신앙생활은 이 땅에 하나님의 통치가 이루어지느냐, 세상 신의 통치가 이루어지느냐의 싸움이다. 그런데 그 싸움이 내 안에서도 일어나고 있다.

생각과 마음 가운데 성경 말씀을 인정하는가, 세상의 철학과 초등 학문을 인정하는가의 싸움이다.

공격이 최선의 무기라고 했다. 전신 갑주에 나오는 무기들 대부분 이 방어 무기인데 공격 무기가 하나 있다. 그것은 바로 말씀이다.

> 구원의 투구와 성령의 검 곧 하나님의 말씀을 가져라 (엡 6:17)

오직 성령의 충만함 가운데 찌르는 말씀이 악한 영을 이길 수 있다. 적극적으로 순종하고 주의 뜻을 이루는 삶을 살 때 세상 나라가 무너지고 그곳에 하나님 나라가 세워진다. (내 안에서 일어나는 영적 전쟁도 마찬가지다) 예수님도 광야에서 시험을 받으실 때 다른 무엇으로 승리하신 것이 아니었다. 기록된 말씀을 성령의 충만함 가운데 선포하시고 순종하실 때 승리하셨다.

> 이에 예수께서 말씀하시되 사탄아, 물러가라 기록되었으되
> 주 너의 하나님께 경배하고 다만 그를 섬기라 하였느니라 (마 4:10)

여기서 우리는 중요한 승리의 비밀을 알 수 있다. 예수님을 광야로 이끄신 분은 성령님이신데 예수님은 침례 요한에게 침례를 받으시고 성령의 충만함을 받으셨다. 즉 예수님은 성령의 충만한 상태에서 마귀를 대적하신 것이다.

그런데 단지 성령의 권능으로만 대적하신 것이 아니었다. 성경 말씀이 예수님 마음에 가득했고 말씀을 성령의 권능 안에서 선포하셨다.

영적 전쟁은 눈에 보이는 것이 아니다. 영적 전쟁은 바로 내 마음과 생각의 영역에서부터 시작된다.

말씀을 마음에 믿고 세상의 거짓된 소리를 말씀을 기준으로 판단하고 부인하며 순종할 때 우리 안에 승리가 이루어진다.

넷째, 회개로 결박에서 벗어나라.

우리가 회개해야 할 첫 번째 내용은 내가 주인 된 삶이다. 이것이 죄의 본질이기 때문이다. 아담과 하와 가 스스로 높아져 하나님이 되려고 했지만 하나님이 아닌 악한 영의 종이 됐고 인류는 일평생 악한 영의 종이 되어 고통받게 됐다. 내가 내 인생의 주인이 되는 것은 예수그리스도의 주인 되심을 거부하는 것이다. 이것이 모든 문제의 원인이다.

또 죽기를 무서워하므로 한평생 매여

종노릇 하는 모든 자를 놓아 주려 하심이니 (히2:15)

　영적 전쟁의 핵심은 우리의 마음과 생각이다. 성령으로 새로워진 마음으로 말씀의 통치를 받는 것이 승리의 비결이다. 우리 마음에는 빈 공간이 없다. 하나님으로부터 오는 마음과 세상으로부터 오는 나의 마음만 있을 뿐이다.

　우리가 회개해야 할 두 번째 내용은 내가 주인 된 마음에서 일어나는 육신의 정욕, 안목의 정욕, 이생의 자랑이다. 왜냐하면, 이 모든 것들은 세상으로부터 왔고 하나님의 사랑과 상관없는 것이기 때문이다.

이 세상이나 세상에 있는 것들을 사랑하지 말라

누구든지 세상을 사랑하면

아버지의 사랑이 그 안에 있지 아니하니

이는 세상에 있는 모든 것이

육신의 정욕과 안목의 정욕과 이생의 자랑이니

다 아버지께로부터 온 것이 아니요

세상으로부터 온 것이라 (요일 2:15-16)

하나님의 사랑이 우리 마음을 통치하지 않을 때 우리 마음에는 세상 신이 주는 가라지가 심기게 된다. 아담과 하와가 하나님의 말씀에 불순종했을 때 땅이 저주받고 엉겅퀴와 가시덤불을 낸 것처럼 우리 마음에 하나님이 심지 않은 더러운 엉겅퀴와 가시덤불들이 자라게 된다. 시기, 음란, 미움, 질투, 불평, 불만, 교만, 판단, 정죄, 살인, 거짓, 우상 등 온갖 더러운 죄들이 내 마음을 가득 채우게 된다. 내가 주인 된 것을 회개했다면 마음에서 일어나는 모든 죄악을 회개해야 한다. 그리고 하나님의 말씀을 심고, 성령의 충만을 구해야 한다.

쉽게 비유하면 이렇다.

잡초를 열심히 뽑아도 뿌리를 제거하지 않으면 잡초는 언제든 자란다. 이것이 나의 주인 됨을 먼저 회개하고 그 결과인 수많은 죄악을 회개하는 원리다. 예를 들어 나의 주인 됨을 회개하지 않는다면 거짓말이라는 죄악을 평생 회개해도 자라고 자랄 것이다. 그러나 뿌리가 되는 나의 주인 됨을 회개하면 죄의 열매인 거짓말은 자연히 줄어들게 된다. 또한, 거짓말의 반대 개념인 정직을 내 마음에 심는다. '예수 그리스도 안에 있는 나는 정직한 자입니다.' 믿음으로 선포하는 것이 내 마음에 말씀을 심는 것이다. 그리고 성령님을 초청한다. 성령의 생수로 마음(밭)에 심어진 말씀(씨앗)에 물을 주어 자라게 하면 나도 모르는 사이에 내 삶이 변하게 된다. 회개의 궁극적 목적은 삶의 변화인데 삶의 변화는 나의 노력으로 되는 것이 아니다. 말씀이 내 안에 심기고 자라서 열매 맺을 때만 가능하다.

또 이르시되 하나님의 나라는 사람이 씨를 땅에 뿌림과 같으니

그가 밤낮 자고 깨고 하는 중에 씨가 나서 자라되

어떻게 그리되는지를 알지 못하느니라

땅이 스스로 열매를 맺되 처음에는 싹이요 다음에는 이삭이요

그다음에는 이삭에 충실한 곡식이라 (막 4:26-28)

약에 대한 편견

우리가 범하는 어리석음 중 하나는 정신과 약에 대한 선입견이다. 바로 내가 그랬다. 영적인 문제이기 때문에 약을 먹으면 잘못됐다고 생각했다. 나아가 기도와 말씀은 선하고 약은 악하다고 생각했다. 사람을 살리는 궁극적인 선은 하나님께로부터 오는 것인데 옳고 그름의 기준을 내가 판단하는 잘못을 범했다.

나도 정신과 약을 먹으며 도움을 받았다. 경험상 정신과 약을 먹으면 영적인 고통에서 안정되는 것을 볼 수 있다. 정확한 이유는 모르지만 하나님의 은혜다.

과거 한양대학교 신경 정신과 교수님과 함께 사역한 적이 있다. 교수님께서는 영적인 치료와 함께 정신적인 문제의 치료도 병행해야 한다고 하셨다. 본인도 약을 먹으면 귀신들림의 증상이 호전되는 이유를 모른다고 하셨다. 그러나 자신의 경험상 환자들을 치료할 때 영적인 치료와 함께 약을 먹어야 안전하다고 하셨다.

치료는 약이 하는 것이 아니다. 약은 도와줄 뿐이며 영적인 치료가 절대적으로 필요하다. 기도와 말씀 없이 약만 먹는 것은 회복 시간이 오래 걸리고 증상이 재발하는 경우가 많다.

하나님 나라를 향하여

1장
좁은 길은
말씀을 따라 걸을 수 있다

말씀을 읽지 않으면 무당 됩니다

이십 대 중반까지 나는 기도만 했다. 기도와 말씀의 균형이 무너진 상태였고 체계적인 성경 통독이 없었다. 기도했기 때문에 삶 가운데 생기는 있어도 말씀이 없으니 위험한 상태였다. 그런 나에게 말씀을 본격으로 보게 된 계기가 있었다.

26살 처음으로 전도사 이력서를 제출했다. 한 교회에서 연락이 왔고 면접을 보았다.

목사님께서는 단도직입적으로 말씀하셨다.

"성경은 어떻게 보고 있나요?"

"기도보다 성경 읽기가 부족합니다. 가르쳐 주시면 배우도록 하겠습니다."

"형제는 지금 사역할 때가 아니에요. 지금은 말씀 봐야 할 때입니다. 말씀을 보지 않으면 형제는 무당이 됩니다."

"네, 목사님."

기분 나빴지만 맞는 말씀이었다. 찬양 사역자로 지원했기에 말씀의 비중은 적어도 될 것이라는 어리석은 생각을 했다. 나를 돌아보는 계기가 됐다.

말씀 읽기가 습관이 되지 않았기 때문에 처음에는 성경 읽기가 어려웠다. 어떻게 읽어야 할지도 몰랐고, 레위기에서 늘 읽기를 중단했다. 나는 분명 우리말을 읽고 있는데 이해되지 않았다. 간증할 때 힘은 있었으나 평생 간증만 할 수는 없는 노릇이었다. 성경 말씀을 알아야 했고 전해야 했다. 말씀을 읽는 것을 넘어 연구하고 준행하며 가르쳐야 한다는 부담이 생겼다.

에스라가 여호와의 율법을 연구하여 준행하며
율례와 규례를 이스라엘에 가르치기로 하였었더라 (스 7:10)

성경 좀 봐라

하루는 기도하는데 성령님의 감동이 들려왔다.

"성경 말씀을 읽어라"

"아……."

짧은 탄식이 나왔다. 더는 말씀 읽기를 미룰 수 없었다. 경험상 성령님의 감동을 받으면 즉각 순종하는 것이 유익이었다.

며칠 뒤 영적인 어려움 가운데 나를 도와주셨던 집사님께 전화가 왔다.

"태훈아, 집사님이 기도하는 모임이 있는데 가볼래?"

"네, 좋아요."

그곳에는 여자 목사님과 여자 집사님들이 계셨다. 목사님은 식탁에 앉아 계셨는데 성경 주석을 펴 놓고 말씀을 공부하고 계셨다. 그 모습이 나에게 주는 하나님의 싸인 같았다.

'나도 말씀을 공부해야 할 텐데'

기도하러 갔는데 말씀에 대한 부담만 더해졌다. 목사님 집사님들과 같이 교제하고 기도했는데 함께 기도하던 집사님 한분은 중보기도의 은혜가 있으신 분이었다. 사람들을 위해 중보기도 하면 그에 맞는 응답을 하나님이 주셨고 응답을 전하며 위로하시던 분이었다. 집사님께서는 그곳에 계신 분들을 위해 중보기도를 하셨고 하나님께서 주신 감동을 말씀해 주셨다. 듣고 계신 모든 분이 자기가 처한 상황에 맞는 응답에 위로받았다. 내 차례가 됐다. 무슨 말씀을 하실까 두려움과 긴장이 됐다.

"형제님이 비닐하우스에서 열심히 일하고 있었는데 비닐하우스의 천장이 뚫려 있었어요. 그래서 뚫린 그곳으로 악한 영이 가라지를 뿌렸어요. 열매를 맺긴 맺었는데 곡식에 상처가 있었어요. 비닐하우스의 천장이 뚫려 있는 것은 형제님 안에 성경 말씀이 없다는 것을 보여 주신 거예요."

하나님의 섬세하심에 놀라웠다. 그분과 나는 그날 처음 만났는데 나에 대해 모르시는 분이 정확하게 내 상황에 대해 말씀하셨다. 집사님이 이어서 말씀하셨다.

"하나님이 다른 장면을 또 보여 주셨어요. 형제님 안에 성경 말씀이 있을 때 비닐하우스의 천장이 뚫리지 않아서 악한 영이 가라지를 뿌리지 못했어요. 커다란 황금색 옥수수가 열렸는데 알갱이에 상처가 없었어요. 형제님은 지금 말씀을 읽으셔야 합니다."

이어지는 말씀에 소름이 돋았다. 하나님의 음성이었기에 더는 지체할 시간이 없었다. 성경을 읽어야 했다. 그런데 어떻게 말씀을 읽어야 하는지 알지 못했다. 창세기부터 요한 계시록까지의 성경을 체계적으로 읽을 필요성을 느꼈으나 방법을 몰랐다. 그런 나에게 하나님은 또 섬세하게 일하셨다. 하루는 대학교 후배와 대화를 나누었는데 후배는 본인 교회에서 하는 성경 양육프로그램을 추천했고 나는 바로 그 책을 사서 읽기 시작했다. 성경을 시간 순서대로 배열했기 때문에 전체적인 이야기 흐름을 이해할 수 있었다. 책을 통해 1년 동안 성경을 읽었고 성경의 큰 틀을 잡는 시간이었다. 내 안에 성경 말씀이 새겨지기 시작했다.

본격적으로 성경을 읽기 시작한 지 1년이 지났다. 어느 날 성령님은 말씀 읽기에 대한 새로운 감동을 주셨다.

"성경을 깊게 봐라."

1년 동안은 성경의 큰 틀을 잡는 시간이었다. 숲을 봤으니 이제 숲 안에 있는 나무를 봐야 할 차례였다. 성령님의 감동을 받고 며칠 뒤 담임 사모님께서 지나가시며 내게 말씀하셨다.

"태훈아, 말씀을 깊게 봐야 한다."

할렐루야! 한 성령 안에서 같은 감동이었다. 담임 사모님은 기도하시는 분이셨기에 말씀에 더욱 신뢰가 갔다. 이때부터 성경을 이해하는 데 도움이 되는 책들을 읽기 시작했다.

2,000절 성경 말씀 암송

성경의 큰 틀을 잡았고 성경의 세부적인 내용을 책을 통해 정립하기 시작하니 성경이 보이기 시작했다. 성경이 내 안에 새겨지니 내가 체험한 간증들만 전하는 것이 아니었다. 성경이 말씀하고 있는 복음을 전할 수 있게 됐는데 문제가 하나 있었다.

시중에 나와 있는 책을 통해 공부하는 것에 대한 한계를 느꼈다. 그 이상 이해되지 않았고 정체기가 왔다. 그때 마침 성경을 깊게 연구하고 설교하시는 목사님 세 분과 교제하게 됐다. 한 목사님은 모든 설교를 성경 말씀으로만 전하시는 분이었는데, 목사님의 설교를 들을 때면 심령이 깨지고 뜨거워지는 것을 경험했다. 성경 말씀 자체가 힘이 있기 때문에 말씀을 선포하는 것만으로도 큰 은혜가 있었다.

이거다 싶었다. 나도 설교를 성경 말씀으로만 해야겠다는 소원이 생겼다. 성경 말씀에 대한 갈급함이 커져만 갔다.

하나님의 말씀은 살아 있고 활력이 있어

좌우에 날 선 어떤 검보다도 예리하여

혼과 영과 및 관절과 골수를 찔러 쪼개기까지 하며

또 마음의 생각과 뜻을 판단하나니 (히 4:12)

머리맡에 성경을 두고 자면 성경이 깨달아질까 싶어 그렇게도 해 보았지만 헛된 일이었다. 성경을 읽고 또 읽어봐도 그 이상 깨달아지지 않았다. 낙담하던 나에게 성령님의 감동이 전해졌다.

"태훈아, 성경 암송을 해라"

"네? 암송이요?"

어차피 말씀이 이해되지 않으니 암송이라도 해야겠다고 생각했다.

A4 용지에 성경 말씀을 앞뒤로 적고 투명한 파일과 함께 늘 가방에 넣고 다녔다. 대중교통을 이용하는 짬 시간을 활용하여 말씀을 암송했는데 시간을 내어 복습했고 길을 다니면서도 파일을 손에서 놓지 않았다.

나는 처음에 필수구절 400절 정도만 암송하려고 했다. 그러나 꾸준히 노력하면 창세기부터 요한 계시록까지 중요 구절들을 암송할 수 있겠다는 생각을 했다. 호흡을 길게 갖고 다시 성경을 통독했다. 마음에 와 닿는 모든 성경 구절에 밑줄을 치며 읽었다. 약 2000절 정도 밑줄을 쳤는데 신학대학원 졸업까지 2000절 암송이 가능할 것 같았다. 그때부터 멀리 내다보고 꾸준히 성경을 암송했다. 28살 신학대학원에 입학할 때 800절을 암송하고 있었다. 3년의 재학 기간 동안 1,200절을 암송하면 됐는데 계산해보니 하루에 1절 정도 말씀을 암송하면 가능했다. 등하교하는 지하철과 사역을 위해 이용했던 기차에서 주로 암송을 했는데 암송하는 말씀이 800절이 넘어가니 복습하는 것이 부담됐다. 어찌나 주님의 말씀이 새롭던지 암송했던 말씀들이 날마다 처음 보는 말씀 같았다. 육신의 소욕을 이기는 인내의 시간이었는데 어떤 면에서는 굉장히 고통스러웠다. 암송하는 것이 뇌를 많이 써서 쉽게 지쳤고 무의식에 심겨진 말씀을 표면의식으로 끌어 올리는 작업이 만만치 않았다. 마음의 부담을 다스리며 꾸준히 복습하는 것 외에는 방법이 없었다. 온종일 말씀을 중얼거리며 암송했는데 3년의 신학대학원 기간이 지났고 계획대로 나는 2,000절 성경 말씀을 암송하게 되었다. 5년이란 시간이 걸렸다. 말씀 암송은 단기간에 끝낼 수 있는 것이 아니기에 나는 지금도 말씀을 꾸준히 암송, 복습하고 있다. 복습을 게을리하면 말씀들이 희미해지기 때문에 밥을 먹듯 말씀을 암송해야 한다. 2,000절을 암송한 세월이 억울해서라도 잊어버릴 수 없는 노릇이었다. 그렇게 나는 말씀에 매이게 됐다.

말씀 암송이 곧 묵상이다

우리가 생각하는 '복'과 성경이 말씀하고 있는 '복'의 내용은 다르다.

복과 관련된 대표적인 성경 구절은 시편 1편 1~3절 말씀이다.

복 있는 사람은

악인들의 꾀를 따르지 아니하며

죄인들의 길에 서지 아니하며

오만한 자들의 자리에 앉지 아니하고

오직 여호와의 율법을 즐거워하여

그의 율법을 주야로 묵상하는도다

그는 시냇가에 심은 나무가 철을 따라 열매를 맺으며

그 잎사귀가 마르지 아니함 같으니

그가 하는 모든 일이 다 형통하리로다 (시 1:1-3)

복 있는 사람의 특징 중 하나는 여호와의 율법을 주야로 묵상하는 것이다. 우리가 흔히 묵상이라 하면 QT를 생각한다. 조용한 시간에 성경책을 읽고 오늘 나에게 주시는 하나님의 교훈이 무엇인지 묵상한다. 그런데 과연 이것이 성경에서 말하는 묵상일까?

'묵상'으로 번역된 히브리어 단어 '하가'는 우리가 생각하는 묵상과는 거리가 멀다. '하가'는 중얼거리다, 신중히 생각하다, 상상하다, 속삭이다, 고함치다 등의 의미가 있다. 즉 우리가 할 수 있는 가장 성경적인 묵상 방법은 바로 '말씀 암송'인 것이다.

복 있는 사람은 성경 말씀을 암송하는 사람인데 그 사람은 '시냇가에 심은 나무가 철을 따라 열매를 맺으며 잎사귀가 마르지 않는 것

같다'고 성경은 말씀하고 있다. 이것은 성경 암송이 주는 유익에 대해 비유적으로 표현한 말씀으로 이해할 수 있다. 말씀을 소리 내어 신중하게 생각하고 상상하는 것은 내 마음을 하나님의 뜻에 맞게 새롭게 하는 과정이다.

> 너희는 이 세대를 본받지 말고
> 오직 마음을 새롭게 함으로 변화를 받아
> 하나님의 선하시고 기뻐하시고 온전하신 뜻이 무엇인지
> 분별하도록 하라 (롬 12:2)

우리가 성경 말씀을 소리 내어 암송할 때 그 말씀이 내 마음에 심기게 된다. 로마서 12장 2절 말씀은 마음을 새롭게 함으로 변화를 받으라고 권면하고 있다. 이는 오직 내 마음에 말씀이 심겨질 때만 가능한데 하나님의 말씀으로만 마음이 새로워지고 변화 받을 수 있다. 마음이 새롭게 되는 것은 단지 감정과 태도의 변화가 아닌 성령과 말씀으로 새로워지는 마음의 혁명을 뜻한다. (마음에 기록된 구습의 체제를 뿌리부터 바꾸는 것이다) 말씀을 중얼거리며 신중히 생각하고 말씀을 가지고 기도하며 기도의 응답대로 내게 이루어졌음을 상상하고 느끼는 것이 말씀 묵상이다.

예를 들면 이런 것이다.

시편 말씀을 소리 내어 암송한다. 어느 정도 뜻이 숙지가 되면 이 말씀이 내게 이루어지길 기도하고 상상한다. (현대 과학이 발견한 것 중

하나는 뇌는 현실과 상상을 구분하지 못한다는 것이다. 말씀에 기초한 상상과 선포로 삶을 변화시킬 수 있다)

'하나님, 나는 예수 그리스도 안에서 이미 하늘에 속한 신령한 복을 받은 자입니다. 복 있는 나는 악인들의 꾀를 따르지 않습니다. 죄인들의 길에 서지 않습니다. 오만한 자들의 자리에 앉지 않습니다. 그리스도 안에 있는 나의 삶에 열매가 있으며 하나님이 나와 함께 하시므로 나는 모든 일에 형통한 자입니다.'

여기서 핵심은 그 말씀이 내 마음에 믿기어질 때까지 선포하고 기도하는 과정이 필요하다.

이 모든 과정이 말씀 암송에 포함되어 있다. 성령의 조명 하심 가운데 말씀을 암송하면 그 말씀이 내 마음을 새롭게 하는 것을 경험할 수 있다. 그렇게 새겨진 말씀은 시간이 오래 지나도 잊히지 않는다. 수많은 성경 말씀들이 암송을 통해 내 안에 심겨지게 되고 말씀이 자라남으로 내 삶이 변화된다. 노력 없이 오는 변화이다. 성경 암송을 통해 말씀이 내 마음에 심기고 뿌리를 내리고 세움을 받아 가지가 자라고 잎이 나며 열매를 맺는 것을 경험할 수 있다.

성경 암송은 내가 말씀을 읽는 것이 아니라 말씀이 나의 언행 심사와 인생 전부를 읽어 가시도록 나를 내어드리는 작업이다. 말씀 암송은 자기를 부인하는 행하는 믿음인데 암송과 선포를 통해 삶에 놀라운 변화들을 경험할 수 있다.

오늘 내가 네게 명하는 이 말씀을 너는 마음에 새기고 … (신 6:7)

하루는 신학대학원 강의 쉬는 시간, 복도를 걸어가며 하나님의 말씀을 믿음으로 선포했다.

'나는 예수 그리스도 안에서 말할 수 없는 영광스러운 즐거움으로 기뻐하는 자입니다.'(벧전1:8)

몸과 마음이 피곤한 상태였기 때문에 부정적인 감정이 나를 지배하고 있었다.

나는 부정적인 감정에서 벗어나기 위해서 '기쁨'과 관련된 말씀을 선포했다.

말씀을 선포하니 내면에서 기쁨이란 감정이 생겼고 내면의 기쁨이 나를 미소 짓게 했다. 부정적인 감정이 사라지고 기쁨이 생긴 것이다. 할렐루야! 하나님의 말씀은 살아있기 때문에 우리가 믿음으로 취할 때 삶이 변화된다. 나의 노력으로 자기계발을 하는 것이 아닌, 말씀을 심고 심은 대로 거두는 은혜의 법칙이다.

암송 설교

암송된 말씀만이 내가 가지고 있는 말씀이다. 심령에 새겨진 말씀만이 나를 변화시킨다.

암송의 유익은 상당히 많다. 암송은 인내력과 성실함을 기를 수 있고 하나님의 뜻을 분별하는 데 도움을 주며 내 영혼과 신앙생활에 강건함을 준다. 암송을 통해 하나님과 더욱 친밀한 교제를 나눌 수 있고 성경적 세계관으로 시대를 분별할 수 있게 된다.

갓난아기들 같이 순전하고 신령한 젖을 사모하라

이는 그로 말미암아 너희로 구원에 이르도록

자라게 하려 함이라 (벧전 2:2)

신앙생활은 영과 육의 싸움이다. 하나님의 말씀에 순종하는 영적 생활과 하나님의 말씀을 대적하는 육적 생활의 싸움이다. 성경 암송은 신앙생활에 승리를 가져다주는데 예수님도 광야에서 마귀를 대적하실 때 쓰신 방법은 암송하셨던 성경 말씀을 선포하신 것이다. 말씀이 곧 성령의 검이기 때문이다.

사역 가운데 나는 암송의 유익을 늘 경험하고 있다. 처음 전도사 사역을 나갔을 때 일이다. 주일 새벽예배에 말씀을 전하는 전도사님이 나오지 못했다. 어쩔 수 없이 내가 단에 올라가 설교를 했는데 원고가 없었다. (심지어 성경 봉독까지 암송한 말씀을 선포했다) 잠시 눈을 감고 주님이 주시는 말씀을 기다렸다. 한 말씀이 떠올랐고 그 말씀을 시작으로 설교할 수 있었다. 내 안에 암송되었던 말씀들이 끊임없이 생각나서 담대하게 선포할 수 있었다. 말씀을 선포하면 내 안에서 다른 말씀이 올라왔고 끝없이 올라오는 성경 말씀으로 무사히 설교를 마칠 수 있었다.

내 속에는 말이 가득하니

내 영이 나를 압박 함이니라 (욥 32:18)

우리 교회는 4개 교회로 이루어져 있어서 주일이면 스크린 화면을 통해 말씀을 듣는다. 하루는 방송 시작부터 문제가 있었다. 결국 방송 장비 결함으로 더는 예배 영상을 받을 수 없게 됐다. 설교 원고가 없었기 때문에 무척 당황스러웠다. 목사님이 하셨던 설교를 이어서 해야 했기 때문에 일단 강단으로 올라갔다.

'죄송합니다. 그런데 이것이 라이브의 묘미가 아닌가 싶습니다. 저는 제가 무슨 말씀을 전해야 할지 모르겠습니다. 성령님 의지해서 한번 해보겠습니다.'

'영생'에 관한 내용이었는데 입을 열자 암송했던 성경 말씀이 끊임없이 떠올랐다. 창세기부터 요한 계시록까지 기록되어 있는 영생에 관한 성경 말씀을 선포했고 예배를 마칠 수 있었다. 내가 무슨 말을 했는지 기억나지 않았는데 평소 말씀으로 준비하니 결정적인 순간에 주님이 일하실 수 있었다.

내가 입을 여니 내 혀가 이에서 말하는구나 (욥 33:2)

암송은 설교 사역뿐 아니라 설교 원고작성에도 큰 도움이 된다. 묵상과 관련 자료를 통해 본문 내용을 파악한 후 눈을 감고 기도를 한다. 그러면 관련 성경 구절들이 생각나는데 떠오른 말씀들을 배열하고 설교문을 정리한다. (관주 성경을 찾는 것과 내 안에 새겨진 말씀으로 성경을 해석하는 것은 선포의 힘과 열매가 다르다)

평소에 말씀 암송을 하면 자연스럽게 설교를 준비할 수 있는데 암송을 통해 신구약의 말씀들이 깨달아지고 성경 주해가 된다. 그래서 나는 설교 준비가 짧은 편이다. 이것이 바쁜 사역 현장에서 쉼을 누리는 방법이다. 평소에 말씀 암송으로 바쁘니 설교 준비가 여유로운 것이다.

이것이 곧 적게 심는 자는 적게 거두고

많이 심는 자는 많이 거둔다 하는 말이로다 (고후 9:6)

삶의 승리를 주는 말씀 암송

나는 어린이 부서를 담당하고 있다. 부서를 섬기는 선생님 중 젊은 신학생 친구가 한 명 있는데 종종 선생님과 함께 산책하며 성경 말씀을 암송하곤 한다. 하루는 선생님이 삶 가운데 경험한 말씀 암송의 유익에 대해 은혜를 나누어 주었다.

"전도사님, 삶을 살 때 어떠한 상황을 맞닥뜨리면 그 상황에 맞는 암송된 말씀이 떠올라서 분별이 됩니다."

"아멘!"

선생님은 공동체 생활을 하고 있었는데 사람들과 겪는 갈등에 힘들어 하곤 했다.

하루는 공동체 사람들과 갈등이 있었고 자신을 비판하는 공격적인 말에 화가 났다고 한다. 선생님은 전과 같으면 상대방과 똑같이 화를 내고 비판했을 텐데 순간 암송했던 말씀이 떠올라 자신을 돌아보고 지혜롭게 상황을 벗어날 수 있었다고 했다.

(유순한 대답은 분노를 쉐게 하여도 과격한 말은 노를 격동하느니라)

똑같이 화를 내어도 전혀 이상할 것 없는 상황 가운데 암송된 말씀이 지혜롭게 반응할 수 있도록 선생님을 지킨 것이다.

주의 말씀은 내 발에 등이요 내 길에 빛이니이다 (시 119:105)

나는 매주 1절씩 아이들에게 성경 말씀을 암송시킨다.

성경 말씀을 암송하는 전도사님을 잘못 만나(?) 아이들이 고생하고 있지만, 이제는 어린이 부서의 좋은 문화가 되어 대부분의 친구들이 암송을 잘하곤 한다.

하루는 교사 회의 시간에 선생님 한 분이 자신이 꾸었던 꿈 얘기를 나누어 주셨다.

꿈속에서 우리 아이들을 태운 배가 등장했다. 왁자지껄 떠들고 있는 아이들 가운데 젠틀한 남자가 나타났다고 하는데 그 남자는 우리 아이들에게 용돈을 주며 재롱을 부리게 했고 아이들은 용돈을 받기 위해 이런저런 재롱을 부렸다고 한다.

그런데 젠틀하게 보이는 남자의 겉모습과 달리 그가 요구하는 것이 점점 도가 지나쳤고 아이 중 한 명이 "이건 좀 이상한데?"라고 말하며 암송한 말씀을 선포했다고 한다.

배 위에 있는 모든 친구들이 자신들이 암송한 성경 말씀을 그 남자를 향해 선포하기 시작하니 놀라운 일이 벌어졌다.

젠틀하게만 보이던 그 남자의 얼굴이 일그러지고 변하더니 흉측한 본 모습이 드러났고 선포되는 말씀 때문에 결국 배에서 사라졌다고 했다. 할렐루야!

암송된 하나님의 말씀으로 거짓을 물리친 것이다.

> 구원의 투구와 성령의 검 곧 하나님의 말씀을 가지라 (엡 6:17)

나를 지키는 말씀 암송

유대인들이 오랫동안 나라와 영토가 없었음에도 유대인으로서의 정체성을 지킬 수 있었던 비결은 성경 암송이었다. 성경 암송을 통해 자신의 정체성과 야훼 신앙을 지킬 수 있었다. 이는 마지막 때를 살아가고 있는 우리에게 교훈하는 바가 크다.

내가 성경을 암송하면서 주님께 받은 마지막 감동은 암송으로 마지막 때를 준비하라는 것이었다.

마지막 때는 환난이다. 목사님의 설교 말씀을 듣는 것과 성경 말씀을 읽는 것이 금지될 수 있다.

성경이 없는 그때 당신은 무엇으로 주님의 뜻을 분별할 것인가? 오직 내 안에 암송된 말씀들이 그날에 나의 믿음을 지켜줄 것이다.

가깝게 교제하는 김근식 전도사님(공주 벧엘침례교회)도 성경을 암송하는 분이다. 그분도 말씀을 암송하면서 마지막 때를 준비하라는 감동을 받으셨다고 한다. 그분은 창세기부터 요한 계시록까지의 말씀을 통으로 외우시려고 암송하고 있다.

지금 시대는 앞으로 닥칠 환난을 감당할 믿음을 준비할 때이다. 시대를 분별하고 준비하는 지혜가 있어야 하는데 준비 중 하나가 말씀 암송이다. 내 안에 성경 말씀이 없으면 미혹된다. 성경 암송을 통해 나의 믿음을 지켜야 한다.

또 어려서부터 성경을 알았나니
성경은 능히 너로 하여금 그리스도 예수 안에 있는
믿음으로 말미암아 구원에 이르는 지혜가 있게 하느니라
모든 성경은 하나님의 감동으로 된 것으로
교훈과 책망과 바르게 함과 의로 교육하기에 유익하니
이는 하나님의 사람으로 온전하게 하며
모든 선한 일을 행할 능력을 갖추게 하려 함이라 (딤후 4:15-17)

말씀 암송 방법

구슬이 서 말이라도 꿰어야 보배다. 말씀 암송에 대한 유익을 머리로 아는 것을 넘어 경험으로 알아야 한다.

첫째, 짬 시간을 활용하라.

짬 시간을 활용하지 못하는 사람은 항상 시간이 없고, 시간이 없다는 핑계만큼 어리석은 것도 없다.

따져보면 우리가 허투루 보내는 시간도 상당히 많다. 대표적인 예가 대중교통을 이용할 때인데 안타까운 사실은 대부분의 사람이 스마트폰의 노예가 되었다는 것이다. 금보다 귀한 시간을 허비하고 있다. 스마트 폰을 통해 생산적인 일을 하는 사람들도 있지만 대부분은 순간의 즐거움을 추구하며 세월을 낭비하고 있다.

> 너희 자신을 종으로 내주어
> 누구에게 순종하든지 그 순종함을 받는 자의
> 종이 되는 줄을 너희가 알지 못하느냐
> 혹은 죄의 종으로 사망에 이르고
> 혹은 순종의 종으로 의에 이르느니라 (롬 6:16)

나는 대중교통을 이용하는 시간에 성경 암송을 적극적으로 추천한다. 이동하는 그 시간에 성경 말씀을 읽고 또 읽고 묵상하라. 매일 버려지는 시간이 충만해질 것이다.

나는 등하교하는 버스와 지하철에서 성경 말씀을 암송했다. 짬 시간을 활용하니 특별한 시간을 투자하지 않고도 암송할 수 있었다. 나는 지금도 이동하는 시간에는 늘 성경을 암송한다. 시간이 있는 곳에 내 마음이 있는 것이다.

세월을 아끼라 때가 악하니라 (엡 5:16)

둘째, 성경 통독 후 감동되는 말씀을 암송하라.

성경의 모든 말씀을 암송할 수 없다. 암송을 위한 말씀을 선별하기 위해서는 성경을 통독해야 한다. 시중에 출간된 책을 통해 말씀을 암송하는 것도 유익하지만, 암송의 핵심은 나에게 주시는 말씀을 암송하는 것이다. 이를 선별하기 위해 성경 통독을 하며 말씀 구절을 정리한다. 자기가 암송할 수 있는 양을 정해서 해야 하는데 욕심 때문에 무리하면 쉽게 지치기 때문이다.

암송은 꼭 소리를 내며 해야 한다. 이것이 성경에서 말하는 묵상 방법이다. 소리를 내면 나와, 내 영이 듣는다. 선포는 내 마음에 말씀을 새기고 악한 영을 대적하는 능력이 있다. 소리를 내며 읽는 것은 뇌의 시각 중추와 청각 중추 2가지 모두를 활성화하기 때문에 기억에 오래 남는다.

셋째, 암송의 핵심은 복습이다.

나는 어떤 방법이 나에게 효과적인지 테스트해가며 말씀을 암송했다. 시중에 나와 있는 책을 참고하고 따라 해봤지만 나에게 맞지 않는 부분도 있었다. 사람마다 개인차가 있으므로 나의 방법이 상대방에게는 맞지 않을 수도 있다.

그러나 모든 암송의 핵심은 복습이다. 과거에 암송했던 말씀을 요일별로 시간과 양을 정해서 늘 복습해야 한다. 그래야 장기기억으로 저장된다. 2,000여절의 말씀을 복습하기가 절대 쉽지 않다. 이제는 새로운 말씀을 암송하기보다 암송했던 말씀을 복습하는 일에 집중하고 있다. 복습은 자기 전에 하는 것이 효과적인데 렘수면 시 자기 전에 학습한 내용을 장기 기억으로 저장하는 과정을 수행하기 때문이다. 복습에 실패하면 암송한 말씀들이 장기기억으로 저장되지 않기 때문에 고통스럽지만, 복습을 꾸준히 해야 한다.

지용훈 목사님은 말씀 암송의 대가시다. 초창기 말씀 암송을 시작할 때 나는 목사님에게 도전을 많이 받았다. 우연한 기회로 목사님과 함께 차를 타고 이동했던 적이 있는데 목사님은 나에게 암송에 관한 많은 조언을 해주셨다. 목사님께 놀란 것 중 하나는 길을 걸으실 때 귀마개를 끼는 것이었다. 외부에서 들어오는 소리를 차단하고 말씀 암송에 집중하셨다. 암송의 대가인 목사님도 그렇게 복습에 힘을 쓰신다. 내가 실수했던 부분은 조급함이었는데 조급함 때문에 복습을 소홀히 하고 새로운 말씀을 암송했다. 며칠이 지나면 새로 암송했던 말씀도 또 다른 말씀 암송에 밀려 복습에 소홀해졌고 시간이 지나니 모든 말씀이 기억에서 흐릿해졌다. 중요한 것은 새로운 말씀을 암송하는 것보다 이미 암송했던 말씀을 마음 깊게 새기는 작업이다.

넷째, 머리에서 삶으로.

말씀을 암송할 때 우리가 많이 저지르는 실수는 말씀을 지식의 차원에서만 아는 것이다. 말씀은 머리에서 가슴으로, 가슴에서 삶으로 경험되어져야 한다.

암송하는 것이 결코 쉬운 것이 아니다. 지루하고 괴로울 때가 많다.

그런 나를 보시며 구봉근 목사님(주는 교회)께서 조언 한 가지를 해 주셨다.

"노 전도사! 말씀을 하나님의 인격이라고 생각하고 암송해봐."

"아멘!"

말씀을 지식이 아닌 하나님의 인격이라고 생각하니 부담이 덜어졌다. 나를 사랑하시는 하나님의 음성으로 받으려고 기도했다. 지식의 차원이 아니라 인격의 차원으로 말씀을 받으려고 했고 말씀이 나를 읽으시도록 내어 드리고 회개하며 하나님께 나아갔다.

말씀 암송의 핵심은 지식이 아닌 삶의 변화이다.

성경은 눈으로 읽는 것이다

공부 못하는 학생이 공부를 못하는 결정적인 이유는 바로 공부하지 않는다는 것이다. 공부하지 않기 때문에 공부를 못 한다. 당연한 결과다. 심은 것이 없으니 거두는 것이 없다.

마찬가지로 우리가 성경을 모르는 것은 성경을 읽지 않기 때문이다.

흔히 기도는 영혼의 호흡, 말씀은 영혼의 양식이라고 하는데 우리는 영혼에게 양식을 주지 않는다. 나의 육신은 다이어트를 해야 하는 상황인데 영혼은 말라가고 있다.

배고프면 음식을 먹을 줄 알면서도 영혼이 굶주리는 것은 모른다. 모르기에 성경을 읽지 않고, 느끼지 못하기에 행하지 않는다. 행하는 믿음으로 성경을 읽지 않기 때문에 영혼이 말라가는 악순환이 반복된다.

신앙생활은 성경 말씀에 순종하는 생활이다. 그러나 성경을 읽지 않으니 무엇을 어떻게 순종해야 하는지 알 수 없다. 신앙생활의 기본인 성경 통독이 없으니 믿음의 성장이 전혀 없다. 기초가 약하니 그 위에 세워갈 믿음이 없는 것이다.

TV, 드라마, 게임, 친구와의 약속 등 세상의 것을 추구하는 시간은 있는데 말씀 읽을 시간이 없다. 시간이 없는 것이 아니라 마음이 없는 것은 아닐까?라는 생각을 해본다. 사랑하는 연인을 만나기 위해서는 무슨 수를 써서라도 연인에게 달려갈 것이다. 마찬가지로 하나님을 사랑하는 자는 그분의 뜻인 성경을 무슨 수를 써서라도 읽게 돼있다.

내가 전심으로 주를 찾았사오니
주의 계명에서 떠나지 말게 하소서 (시 119:10)

등하교 및 출퇴근을 위해 이용하는 대중교통에서도 성경을 읽을 수 있다. 이동하는 시간 동안 나의 중심이 말씀이 아니라 세상에 있기 때문에 스마트폰을 보는 것이다.

나는 서울에서 사역할 때 출퇴근 지하철을 많이 이용했다. 타본 사람만 아는 고통이 있다. 문득 이런 생각이 들었다.

'출퇴근하는 서울 지하철에서는 책을 읽는 것이 불가능할 수도 있겠구나.'

그러나 그것은 나의 착각이었다. 고개를 돌리니 내 옆에 계셨던 여성분은 손잡이도 잡지 않고 사람들 틈에 끼어서 두꺼운 책을 읽고 계셨다. 간절함과 태도의 문제였다.

우리가 성경 읽기의 부담을 느끼는 이유 중 하나는 두꺼운 양 때문이다. 그런데 하루에 4장만 읽으면 일 년에 성경 1독을 할 수 있다. (순간 부담이 사라지는 것을 알 수 있다) 하루에 4장은 15분만 투자하면 읽을 수 있는 양이다. 매일의 꾸준함을 통해 1년이면 성경 1독을 할 수 있게 된다. 출퇴근 및 등하교 시간에 성경 읽기를 추천한다. 서점에 가면 포켓 성경을 살 수 있는데 부피가 얇아서 들고 다니기 편리하고 언제 어디서나 쉽게 읽을 수 있는 장점이 있다. 성경 읽기가 부담된다면 성경 어플을 추천한다. 핸드폰 잠금을 풀 때 성경을 읽을 수 있도록 설정하면 하루에 수십 구절의 성경 말씀을 읽을 수 있다. (성경 읽기의 마지노선이다. 많이 양보했다) 물질이 있는 곳에 마음이 있고 마음이 있는 곳에 시간이 있다. 나의 영혼을 사랑하는 자는 성경을 읽는다. 성경은 나를 향한 하나님의 뜻이기 때문이다.

'그 날'을 위하여 말씀에 순종하라

앞으로의 시대는 예수를 믿는 믿음 때문에 환난을 경험하게 될 것이다. 우리가 환난을 겪는 이유는 말씀에 나의 생명을 걸어야 하기 때문이다. 마지막 때는 하나님의 말씀을 대적하는 세상의 핍박이 심해질 것이다. 그때 하나님의 말씀을 자신의 생명보다 귀하게 여기는 자는 말씀을 고수할 것이고, 반대로 하나님의 말씀보다 자신의 생명을 귀하게 여기는 자는 말씀을 부인할 것이다. 성경은 마지막 때의 징조 중 하나로 사람들이 진리를(성경) 찾지 않는다고 말씀하고 있다.

> 때가 이르리니 사람이 바른 교훈을 받지 아니하며
> 귀가 가려워서 자기의 사욕을 따를 스승을 많이 두고
> 또 그 귀를 진리에서 돌이켜 허탄한 이야기를 따르리라 (딤후 4:3-4)

예수님이 인생의 주인이 아닌 사람은 육신에 기초하여 이 땅의 정욕을 추구하는 삶을 살 수 밖에 없다.

성경은 하늘의 것을 말씀하고 있으므로 내가 주인 된 자들은 당연히 성경을 거스를 수밖에 없다.

이 모습은 주님의 재림이 가까이 올수록 더 극명하게 나타날 것이다. 양과 염소가 나뉘고 알곡과 가라지가 나뉘듯이 말씀을 지키는 자와 말씀을 부인하는 자가 나뉠 것이다.

불의를 행하는 자는 그대로 불의를 행하고

더러운 자는 그대로 더럽고

의로운 자는 그대로 의를 행하고

거룩한 자는 그대로 거룩하게 하라 (계 22:11)

성경은 '이기는 자'들이 천국에 들어간다고 말씀하고 있다. 이기는 자란 성경에서 말하는 믿음을 통해 세상에서 승리한 자들을 의미한다.

이기는 자는 이처럼 흰옷을 입을 것이요

내가 그 이름을 생명책에서 결코 지우지 아니하고

그 이름을 내 아버지 앞과 그의 천사들 앞에서 시인하리라 (계 3:5)

이기는 자의 특징 중 하나는 흰옷을 입는 것이다. 성경은 '세마포는 성도들의 옳은 행실'이라고 말씀하고 있다. 흰옷은 성령님을 통해 행하는 믿음을 가진 자들이 입고 있는 옷이라고 이해할 수 있다. 위의 말씀은 요한 계시록에 나와 있는 일곱 교회 중 하나인 사데 교회에 보낸 편지에 속한 말씀이다. 그들은 온전하지 못한 행함에 대하여 주님께 책망을 받았다.

사데 교회의 사자에게 편지하라

하나님의 일곱 영과 일곱별을 가지신 이가 이르시되

내가 네 행위를 아노니

네가 살았다 하는 이름은 가졌으나 죽은 자로다

너는 일깨워 그 남은 바 죽게 된 것을 굳건하게 하라

내 하나님 앞에 네 행위의 온전한 것을 찾지 못하였노니

그러므로 네가 어떻게 받았으며 어떻게 들었는지

생각하고 지켜 회개하라

만일 일깨지 아니하면 내가 도둑같이 이르리니

어느 때에 네게 이를는지 네가 알지 못하리라

그러나 사데 그 옷을 더럽히지 아니한 자 몇 명이 네게 있어

흰옷을 입고 나와 함께 다니리니 그들은 합당한 자인 연고라 (계 3:1-4)

사데 교회는 살았다 하는 이름은 가졌으나 죽은 자라고 평가받았다. 즉 예수를 믿는다 하지만 세상 사람들과 똑같은 방식으로 살았다는 것을 의미한다. 이런 자들은 영적으로 잠자고 있으므로 주님의 재림이 가까워도 시대를 분별하지 못한다.

그런데 사데 교회 안에서 은혜로 구별된 사람들이 있었다. 바로 옷을 더럽히지 않은 자들이다. 문맥상 이들은 행하는 믿음 가운데 구원을 이루어 가는 자들로 이해할 수 있다.

행하는 믿음을 통해 이 땅에 주의 뜻을 이루는 자들을 성경은 이기는 자라고 말씀하고 있다.

믿음은 행하는 것인데 하나님의 뜻이 나에게 이루어지고 하나님과 함께 이 땅에서 동행하는 것이 믿음의 본질이다.

야고보서는 행하는 믿음에 대해 자세히 기록하고 있다. 행함이 없

는 믿음은 나를 구원하지 못하고, 아무 유익이 없으며, 죽은 것이라고 한다. 헛것이요, 믿음과 행함이 함께 일하며, 행함으로 믿음을 온전하게 한다고 말씀한다. 아브라함이 믿음으로 받은 의를 행함으로 증명하며 의인의 삶을 살았듯 기생 라합도 행하므로 의롭다 하심을 받았다. (라합은 하나님을 믿었기에 행할 수 있었다)

오직 행함으로 나의 믿음을 증명할 수 있다. 마지막 때는 믿음으로 행하는 자들만이 감당할 수 있다. 행함이 없다는 것은 나의 믿음이 죽은 것을 반증하는 것이다.

영혼 없는 몸이 죽은 것 같이
행함이 없는 믿음은 죽은 것이니라 (약 2:26)

성경은 믿음에 대해 다양한 말씀을 하고 있는데 대표적으로 우리가 잘 알고 있는 말씀이 있다.

사람이 마음으로 믿어 의에 이르고
입으로 시인하여 구원에 이르느니라 (롬 10:10)

이 말씀을 성령의 내주로 인한 '구원받음'으로만 해석하는 경향이 있다. 그러나 이 말씀 안에는 '행하는 믿음'이 포함되어 있다. 로마서가 쓰일 때의 상황은 교회가 핍박받던 시기였고, 로마 황제 숭배 사상으로 인해 우상숭배가 강요되던 시대였다. 이런 상황에서 로마 황제가 신이 아니라 예수를 신이라고 고백하는 것이 가능할까? 예수를 나의 주인이요 나의 구원자라고 고백할 수 있을까? 진짜 예수를 만나지 못했더라면 결코 할 수 없는 고백들이다. 믿음의 고백 안에 행하는 믿음이 포함된 것이다.

창세기부터 요한계시록에 기록되어 있는 믿음은 늘 행함을 동반하고 있다. 성령으로 마음에 믿어지고, 성령으로 살아내는 모든 인생을 성경은 '믿음'이란 단어로 정의하고 있다.

> 무릇 하나님께로부터 난 자마다 세상을 이기느니라
> 세상을 이기는 승리는 이것이니 우리의 믿음이니라 (요일 5:4)

성경 말씀에 순종하여 주의 뜻을 이루는 자만이 마지막 때를 감당할 수 있다. 세상이 '아니오'라고 얘기해도 성경이 맞다고 하면 '예'라고 외치고 그 길을 걷는 것이 믿음이다. 우리는 지금 성령님을 통해 삶의 모든 순간을 하나님의 말씀에 순종하는 믿음을 훈련해야 한다.

작은 일에 충성하는 자가 큰일에도 충성할 수 있는 것처럼 삶의 작은 믿음의 훈련이 쌓인 자만이 결정적인 순간에 믿음을 지킬 수 있다.

그 날의 영광을 위하여 오늘을 순종하는 것이 지혜 있는 자의 믿음이다.

> 네가 보거니와 믿음이 그의 행함과 함께 일하고
> 행함으로 믿음이 온전하게 되었느니라 (약 2:22)

2장
좁은 길은
성령님과 걸을 수 있다

바람 같은 성령님

어느 날 강단에서 선포된 말씀에 내 마음이 뜨거워졌다.

"여러분! 성령님의 임재를 훈련하셔야 합니다. 예배의 자리에 와서 임재를 경험하는 것은 귀한 일입니다. 그러나 여러분의 삶 가운데도 동일한 임재가 있어야 합니다. 성령님의 임재를 훈련하십시오. 하나님 앞에 머무르십시오."

나에게 하시는 하나님의 말씀처럼 들렸다. 예배 가운데 느꼈던 성령님의 임재가 사모 됐다. 예배에서는 하나님의 임재를 느끼곤 했는데 삶 가운데서는 느낄 수 없었다. 예배에서 경험하던 성령님의 임재를 삶 가운데 누린다면 얼마나 황홀할까? 생각했다. 나는 바로 임재훈련에 돌입했다.

이러므로 우리가 하나님께 끊임없이 감사함은

너희가 우리에게 들은바 하나님의 말씀을 받을 때에

사람의 말로 받지 아니하고 하나님의 말씀으로 받음이니

진실로 그러하도다

이 말씀이 또한 너희 믿는 자 가운데서 역사하느니라 (살전 2:13)

그런데 나는 성령의 임재 훈련 방법을 몰랐다. 이런 얘기를 처음 들어봤고, 가르쳐 주는 사람도 아무도 없었다. 방언 기도를 멈추고 무작정 우리말로 기도하기 시작했다.

'성령님, 임하시옵소서.'

'하나님, 임재가 있게 하소서.'

'성령님, 충만케 하시옵소서.'

'성령님, 기름 부으소서.'

이런저런 말을 번갈아 가며 기도했지만, 아무것도 느낄 수 없었다. 나는 시간을 중요하게 여기는데 시간이 낭비되는 것 같은 기분에 굉장히 괴로웠다. 좋아하는 찬양을 틀어보기도 하고 기도 인도 영상을 틀어놓고 기도를 하곤 했다. 공익 근무 중이었는데 업무가 없을 때는 자리에 가만히 앉아서 성령님을 부르기도 했다. 그렇게 몇 시간을 의미 없이(?) 보내기도 했다.

하루는 공익 야간 근무를 마치고 집으로 돌아오는 길이었다. 지하철을 타기 위해 에스컬레이터에 올랐는데 내 안에서부터 찬양이 밀려 나왔다.

'성령의 비가 내리네 하늘의 문을 여소서 성령의 비가 내리네.'

찬양을 흥얼거리며 지하철을 기다리고 있었다. 그 순간이었다. 하늘에서 강한 바람(?) 같은 것이 불었는데 내 몸은 휘청했고 크게 뒤로 밀려났다. 성령님의 임재를 경험한 것이다.

홀연히 하늘로부터 급하고 강한 바람 같은 소리가 있어
그들이 앉은 온 집에 가득하며 (행 2:2)

제사장이 그 구름으로 말미암아 능히 서서 섬기지 못하였으니
이는 여호와의 영광이 여호와의 성전에 가득함이었더라 (왕상 8:11)

그 뒤로 나는 삶 가운데 성령님의 임재를 자주 경험할 수 있었다. 내가 느낀 두 가지 증상은 손의 저림과 무거움이었다.

기도를 시작하면 손이 저려왔는데 전기가 통하는 듯한 느낌이었다. 기도가 깊어질수록 저리는 증상은 강해졌고 성령님께서 나의 육신을 통치하시는 것을 느낄 수 있었다. 찬양하거나 성경 말씀을 읽을 때도 같은 증상이 있었다. 성령님에 관한 설교를 듣고 책을 찾아보니 성령의 임재 현상 중 하나라고 했다.

자기 전 침대에 누워 기도할 때면 성령님의 임재가 무겁게 느껴지곤 했다. 온몸에 무거움이 임했는데 고통스럽지 않고 평안했다. 영광이란 히브리어 단어는 '무거움'이란 뜻이 있다. 기록된 말씀을 경험한 것이었다.

성령님 안에서 주님을 증거하다

나는 매일 꾸준히 기도의 제단을 쌓으며 성령님의 임재를 더욱 자주 느낄 수 있게 되었다. 성령님의 통치를 받으며 인도함을 받으니 전과는 또 다른 은혜들을 하나씩 경험했다.

내가 회복했다는 얘기를 모 교회 친구들이 듣게 됐다. 한 동생과 오랜만에 만나 교제했는데 그동안의 삶과 회복에 대해 하나님이 하신 일들을 나누었고 대화 가운데 성령님의 임재를 느낄 수 있었다.

'아무개야! 지금 성령님이 임하신다. 기도하고 말씀 읽을 때만 임재가 있었는데 하나님의 복음을 증거 할 때도 임재가 있네. 신기하다.'

동생은 많은 은혜를 받았고 교회에 돌아가서 내 얘기를 청년들에게 전했다. 그때부터 모 교회 친구들에게 연락이 오기 시작했다. 나를 만나보고 얘기를 듣고 싶어 했다.

하나님이 사람들을 보내셨고 하나님이 하신 은혜의 일을 증거하게 하셨다.

하나님을 증거할 때마다 성령님의 임재가 임하는 놀라운 은혜가 있었고 마음 문을 열고 사모하며 듣는 사람에게는 더 큰 임재가 있었다. 그들은 모두 울며 얘기를 듣곤 했다.

나의 언변이 좋은 것이 아니었다. 성령님이 그들의 마음을 만지시는 것을 알았다. 성령님이 나를 통해 친히 말씀을 증거하신 것이다.

내가 아버지께로부터 너희에게 보낼 보혜사
곧 아버지께로부터 나오시는 진리의 성령이 오실 때에
그가 나를 증언하실 것이요 (요 15:26)

성령의 임재 안에서 복음을 증거하니 영혼들이 살아나는 열매가 있었다. 신앙의 침체가 있던 사람들이 간증을 듣고 열정을 회복했고 미지근하게 신앙생활했던 자신들의 모습을 회개했다.

그때 나는 사역은 성령의 능력으로 하는 것임을 몸소 깨달았다. 열심히 바쁘게 뛰어다니지 않아도 됐다. 성령님이 하시면 모든 것이 조화로웠고 자연스러웠으며 바쁘거나, 지치거나, 피곤하지 않았다. 성령님이 나를 도구 삼아 영혼을 살리시는 것을 보며 마음에 기쁨이 넘쳤다.

많은 사람 중 기억에 남는 친구가 하나 있다. 목자로 섬길 때 믿음이 연약했던 자매가 있었는데 같은 대학교 후배여서 식사를 섬기기로 했다.

식사를 마치고 헤어지려고 하는데 동생이 먼저 말을 꺼냈다.

"오빠! 오빠 얘기해주시면 안 돼요?"

"응? 갑자기 왜?"

"궁금해서요."

우리는 근처 카페로 장소를 옮겼다. 그동안 나에게 있었던 일들과 하나님의 은혜들을 전했다. 말씀을 전하기 시작하자 성령님의 임재가 있었고 성령님이 동생의 마음을 만지시는 것을 느꼈다. 동생의 표정이 변하기 시작했는데 눈가에 눈물이 맺히더니 울기 시작했다. 눈물을 흘리는 것도 모자라 콧물을 풀기 시작했고 주체 되지 않는 감정 때문에 몸을 떨며 통곡했다. 성령님이 강하게 그 동생의 마음을 만지셨다.

그날 저녁 동생에게 장문의 메시지가 왔다.

"사실 약속 전날 아무 이유 없이 오빠를 만나기 싫었어요. 식사를 마치고 문득 오빠의 신앙이 궁금해서 물어봤는데 감사해요. 저는 믿음이 약하고 하나님을 잘 모르는데 오빠 얘기를 들으니 하나님이 살아계시는 것이 믿어졌어요."

감사했다. 작고 연약한 나를 통해 주님께서 일하셨다. 나의 열심과 화려한 언변이 아닌 오직 나를 통해 성령님이 예수님을 증거 하셨다.

하나님이 보내신 이는 하나님의 말씀을 하나니
이는 하나님이 성령을 한량없이 주심이라 (요 3:34)

성령 안에서 드리는 삶의 예배

성령님의 임재를 경험하면서 삶의 여러 모습이 변했다. 그중 하나가 예배에 대한 패러다임의 변화였다. 하나님은 세 가지의 경험과 깨달음을 통해 신약의 성도들이 하나님께 직접 드리는 예배가 무엇인지 가르쳐 주셨다. 하루는 아르바이트하는 중 성령님의 감동을 받았다.

"네가 지금 예배를 드리고 있다."

"네? 예배요? 무슨 말씀이세요?"

어리둥절했다. 나는 아르바이트를 하고 있었는데 성령님은 나에게 예배를 드리고 있다고 감동하셨다.

"하나님! 저는 지금 아르바이트를 하고 있는데 예배를 드린다는 것이 무슨 말씀이세요?"

"나의 임재 안에서 네가 나를 예배하고 있다."

성령님의 감동이 이해되지 않았다. 나는 교회에 있지도 않았고 예배를 드리고 있지도 않았다. 아르바이트 중이었는데 전과 다른 차이가 하나 있다면 그것은 바로 성령님의 임재를 느끼며 조용히 기도하고 있었다. 그때 들렸던 감동이었다.

'교회에 가지 않아도 예배를 드릴 수 있구나?' 막연한 깨달음이 있었다.

하루는 신호등을 건너는데 또 한 번 성령님의 선명한 감동을 받았다.

"네가 지금 나를 예배하고 있다."

"아! 이것이구나."

처음 감동보다 더 선명하게 깨달아졌다. 그때 나는 성령님의 임재 안에서 걸으며 마음으로 하나님을 경배하고 있었다.

삶의 예배가 무엇인지 경험으로 배우고 있었다. 교회에서 드리는 예배만이 아니라 삶에서도 하나님이 받으시는 예배가 가능했다.

마지막 깨달음은 하나님과의 동행이 예배라는 것이었다.

하루는 사역 중, 소변을 보러 화장실에 갔다. 소변을 보는데 성령님

이 감동을 주셨다. (성령님의 감동은 내가 예측 못 할 때 자주 들려왔다)

"임재 안에서 거하는 삶이 에녹이 나와 동행한 것과 같은 것이다."

"아……. 아멘!"

소변보다가 은혜받았다.

'성령의 임재 안에서 살아가는 것이 하나님을 예배하는 것이구나!'

이때부터 나의 예배에 대한 패러다임이 180도 변했다. 주일의 개념이 사라졌다. 수요예배, 금요예배, 새벽예배의 개념도 사라졌다. 365일 24시간 모두 성령님의 임재 안에서 거룩한 산 제물로 하나님을 예배할 수 있었다. 이때부터 하나님과 더 깊은 친밀함이 생겼다. 예배당을 떠나 내가 어디에 있든 성령의 임재 안에서 하나님께 예배하는 훈련을 시작했다. 그중 하나가 생각과 마음을 지키는 것이다. 한번은 지하철에서 마음속으로 성령님을 불렀다.

'성령님, 성령님, 성령님!'

성령님을 부를수록 나를 통치하시는 임재가 커지는 것을 느꼈다.

'하나님은 나의 모든 생각을 알고 계시는구나?'

놀람과 평안, 두려움이 임했다. 내가 무슨 생각을 하는지 나의 동기를 다 아시는 하나님이셨다. 진실함으로 하나님을 찾을 때 나를 기뻐 만나주시지만, 내 안의 더러움도 아시는 분이셨다. 성령님의 임재가 자주 있을수록 자연스럽게 하나님을 경외하게 되었다. 임재가 너무나도 달콤했기에 놓치고 싶지 않았다. 죄에서 멀어질수록 임재를 자주 친밀하게 느낄 수 있었고 성령님의 임재에 집중하자 자연스럽게 죄와 멀어지는 거룩한 예배자의 삶을 살 수 있게 됐다.

모세가 백성에게 이르되 두려워하지 말라

하나님이 임하심은 너희를 시험하고 너희로 경외하여

죄를 범하지 않게 하려 하심이니라 (출 20:20)

가인과 아벨의 예배

성경에서 사용하는 '예배'라는 단어는 시기와 형편에 따라 표현의 차이가 있지만, 그 내용과 의미는 거의 일치하고 있다.

구약에서 사용되는 예배의 단어 중 하나는 '아바드'이다. 이 단어는 경배하는 예배의 개념도 있지만 봉사하다, 일하다, 노예가 되다 등의 의미도 포함하고 있다. 즉 예배의 의미 안에 '일하다'라는 뜻이 포함돼 있는 것이다. 그러므로 우리는 삶과 일을 통해서 하나님을 예배할 수 있다.

우리는 성경을 통해 삶의 예배를 드렸던 아벨을 알고 있다.

세월이 지난 후에

가인은 땅의 소산으로 제물을 삼아 여호와께 드렸고

아벨은 자기도 양의 첫 새끼와 그 기름으로 드렸더니

여호와께서 아벨과 그의 제물은 받으셨으나

가인과 그의 제물은 받지 아니하신지라

가인이 몹시 분하여 안색이 변하니 (창 4:3-5)

가인과 아벨 모두 하나님께 제사를 드렸지만, 하나님은 아벨의 제사는 받으시고 가인의 제사는 받지 않으셨다. 그 이유가 무엇일까? 가인의 제사는 자기의 의로 드려진 제사였다. 자신의 열심으로 일을 했고 그 제물을 하나님께 바쳤으나 하나님이 원하시는 제사는 그것이 아니었다. 자신의 제사가 열납 되지 않자 가인은 분을 내며 안색이 변했는데 자신의 '의'가 무시당하자 분노가 생긴 것이다. 그러나 아벨의 제사는 달랐다. 그는 양을 치는 자였다. 양을 통해 가죽을 얻을 수도 있었지만, 복음적인 관점으로 이해하면 하나님께 제사를 드리기 위해 양을 쳤다고 볼 수 있다. (성경은 노아 홍수 이후부터 육식을 기록하고 있다) 양의 첫 새끼를 잡아 하나님께 제사를 드리면 피를 흘릴 수밖에 없다. 자신의 의가 아니라 예수 그리스도의 피를 통한 구속을 알았던 것이다. 제사를 드리기 위해 아벨은 양을 쳤고 일하는 모든 순간순간이 하나님께 드려지는 제사였다. 한 번의 예배를 위해 모든 삶을 산 것이다. 아벨은 아담과 하와를 통해 피를 흘려 가죽옷을 입히신 하나님의 구원 은혜를 들었을 것이다. 아벨은 자신의 의가 아니라 예수 그리스도의 피의 공로를 의지했고, 피를 통해 하나님께 나아갔다.

가인 같이 하지 말라

그는 악한 자에게 속하여 그 아우를 죽였으니

어떤 이유로 죽였느냐

자기의 행위는 악하고 그 아우의 행위는 의로움이라 (요일 3:12)

가인과 아벨의 모습을 통해 우리는 하나님이 받지 않으시는 예배가 있다는 것을 알 수 있다. 자신의 의로 인생을 사는 사람, 자신의 의로 드리는 예배는 하나님이 받지 않으신다. 반대로 자기를 부인하고 십자가를 지는 사람, 예수 그리스도의 피의 공로를 알고 그 은혜로 예배하는 사람은 하나님이 받으신다. 하나님과 상관없는 삶을 살고 주일을 지키는 사람의 예배는 하나님께서 받지 않으신다. 그들이 드리는 예배의 동기를 아시기 때문이다.

모태신앙이라, 전통에 의해서, 부모님 때문에, 벌 받을까 봐 등 하나님의 영광이 아니라 자신의 유익과 이해관계에 손해가 있기에 예배를 드리는 것이다.

악인의 제사는 여호와께서 미워하셔도 … (잠 15:8)

너희가 내 앞에 보이러 오니 이것을 누가 너희에게 요구하였느냐
내 마당만 밟을 뿐이니라 (사 1:12)

예수님이 가르쳐주신 예배

개역 한글 성경은 '신령과 진정'으로 하나님께 예배하라고 기록되어 있다. 과거 열심이 특심이던 나는 이 말씀을 내 경험과 내 생각대로 오해하여 '지성이면 감천'인 식으로 하나님께 예배드렸던 적이 있

다. '신령'이란 단어는 신비한 영적 존재를 떠오르게 하고 '진정'이란 단어는 마음과 정성을 다해 예배해야 한다는 오해를 불러일으킨다.

개역 개정 성경에서 '신령과 진정'이 '영과 진리'라는 단어로 번역이 바뀌면서 이런 오해는 많이 사라졌지만, 여전히 '영과 진리'로 드리는 예배에 대한 의문은 남아 있다.

영과 진리로 드리는 예배는 사마리아 수가라는 마을에서 예수님과 한 여인이 나눈 대화에서 나온 말씀이다.

> 우리 조상들은 이 산에서 예배하였는데
> 당신들의 말은 예배할 곳이 예루살렘에 있다 하더이다 (요 4:20)

사마리아 사람들은 그리심 산에서 예배했고, 유대인들은 예루살렘에서 예배했다.

여자의 질문은 '어느 곳에서 드리는 예배가 옳은가?'라는 의미이다. 지금으로 말하면 '어느 교회에서 드리는 예배가 하나님이 받으시는가?'라는 질문이다.

그러나 예수님의 대답은 이상했다. 질문과는 전혀 상관없어 보이는 말씀을 여자에게 하셨다.

> 예수께서 이르시되 여자여 내 말을 믿으라
> 이 산에서도 말고 예루살렘에서도 말고
> 너희가 아버지께 예배할 때가 이르리라 (요 4:21)

예수님의 대답은 장소의 '옳고 그름'이 아니라 너희가 아버지께 예배할 때가 온다고 말씀하셨다.

예수님과 여자의 대화를 통해 우리는 어떤 장소에서 드리는 예배가 중요한 것이 아니라 하나님께 예배를 드리고, 하나님이 받으시는 예배가 중요하다는 것을 알 수 있다.

여자와의 대화 가운데 예수님께서는 의미심장한 단어 하나를 말씀하셨다. 바로 '때'라는 단어인데 요한복음에서 말하고 있는 '때'는 예수님의 죽으심과 부활, 승천 그리고 성령강림을 가리킨다.

예수께서 대답하여 이르시되

너희가 이 성전을 헐라 내가 사흘 동안에 일으키리라

유대인들이 이르되 이 성전은 사십육 년 동안에 지었거늘

네가 삼 일 동안에 일으키겠느냐 하더라

그러나 예수는 성전된 자기 육체를 가리켜 말씀하신 것이라 (요 2:19-21)

예수님의 죽으심과 부활, 승천 그리고 성령강림을 통해 구약에서 예언된 '새 언약'이 성취되었고, 외형적인 성전이 아니라 성전 되신 예수 그리스도 안에서 우리가 직접 하나님께 나아갈 수 있게 된 것이다.

성전 되신 예수님 안에 있는 거듭난 하나님의 자녀들은 '하나님의 성전'(고전 3:16)으로써 외형적인 교회에서 드리는 예배뿐만 아니라 우리의 삶에서 교회가 되어 하나님께 직접 예배할 수 있게 되었다.

아버지께 참되게 예배하는 자들은

영과 진리로 예배할 때가 오나니 곧 이 때라

아버지께서는 자기에게 이렇게 예배하는 자들을 찾으시느니라

하나님은 영이시니 예배하는 자가 영과 진리로 예배할지니라

(요 4:23-24)

우리가 잘 알고 있는 위의 말씀은 그리스도 안에 있는 내가 '누구를 통해' 하나님께 예배드릴 수 있는지 가르쳐 주고 있다.

'영과 진리'라는 단어는 하나의 관사로 묶여 있다. 영과 진리가 다른 것이 아니라 같은 것을 의미하는데 우리는 성경 말씀을 통해 영과 진리가 '진리의 영 되신 성령님'이란 사실을 알 수 있다.

그는 (성령님) 진리의 영이라 … (요 14:17)

하나님께서는 성령님을 통해 드리는 (삶의) 예배를 받으시는데, 24절은 '예배할지니라'라고 말씀하고 있다. 여기서 '할지니라'의 헬라어 단어는 '반드시 그렇게 해야 한다'는 의미가 있다. 해도 되고 안 해도 되는 것이 아닌 'must'의 의미로써 성령님을 통해 드리는 예배만이 하나님께서 받으시는 예배임을 강조하고 있는 것이다.

예수님은 사마리아 여인과의 대화를 통해 삼위일체 하나님께 드리는 예배를 우리에게 가르치고 있다. '예수 그리스도 안에서 진리의 영

이신 성령님을 통해 하나님께 예배드리는 것'이 신약의 예배이며, 신약을 사는 우리가 마땅히 드려야 할 예배의 모습이다.

하나님의 영광은 온 땅에 충만하시다. '하나님은 영'이시기 때문에 공간에 제약을 받지 않으신다. 그러므로 우리는 교회라는 공간을 벗어나 삶의 어느 곳에 있든지 '영으로써 몸의 행실을 죽이며' 하나님을 예배할 수 있다. 이것이 바로 삶의 예배이고 사도 바울이 얘기한 '거룩한 산 제물로 드려지는 영적 예배'이다.

내 생각, 내 뜻, 나의 욕심, 세상의 요구대로 살아가는 것이 아니라, 주의 성령으로 이끌림 받는 좁은 길을 걸을 때 그러한 삶이 하나님이 보시기에 참된 예배자의 삶이며, 그러한 자만이 하나님의 통치와 주권, 다스림을 받는 '하나님 나라'를 경험할 수 있다.

그러므로 형제들아
내가 하나님의 모든 자비하심으로 너희를 권하노니
너희 몸을 하나님이 기뻐하시는 거룩한 산 제물로 드리라
이는 너희가 드릴 영적 예배니라 (롬 12:1)

코로나 펜데믹으로 인해 교회의 예배가 제한되고 있다. 이로 인해 많은 성도가 믿음의 어려움을 겪고 있다. 오프라인 예배가 제한됨으로 말미암아 성도들의 신앙생활에 부정적인 영향을 끼치는 것이 사실이지만, 본질은 성령님으로 드리는 삶의 예배가 없다는 것이 가장 큰 문제이다.

지금 이 순간 내가 어디에 있든, 나를 부인하고 성령님을 통해 하나님을 예배할 수 있다.

어려운 것이 아니다. 나의 주인 됨이, 나의 욕심이, 성령님의 감화 감동으로 말미암아 내가 부인되고, 하나님의 뜻(말씀)이 내게 이루어지는 것이 삶의 예배이다.

대면, 비대면 예배가 중요한 것이 아니라 주의 성령을 통해 하나님의 영광을 대면하는 것이 예배의 핵심이다.

그가(성령님) 내 영광을 나타내리니
내 것을 가지고 너희에게 알리시겠음이라 (요 16:14)

기도회에 일하신 성령님

성령님의 임재 안에서 기도와 말씀의 삶을 살았다. 성령님은 말씀을 통해 내 마음을 날마다 새롭게 하셨다. 나는 하나님의 말씀으로 마음이 새로워지는 만큼 주의 말씀이 나를 통해 이루어지는 것을 경험했다. 나의 인격 또한 변하기 시작했다. 성격이 급했고 사람들을 좋아했으며 늘 리더의 자리에 있기 좋아했는데 성령님 안에서 온유의 성품이 훈련되며 균형을 이루어 갔다. 성령님의 내적 사역으로 나의 인격이 변해 간 것이다. 또한, 성령님은 나를 통해 능력으로 역사하셨다. 그 당시 섬기던 교회에서 대학부 기도회를 만들기 원했는데 내가 기도회 인도를 맡게 됐다. 골방에 들어가서 성령님이 역사하시도록 간절히 기도했다.

"성령님, 역사해주세요. 제가 할 수 없습니다."

"걱정하지 마라. 내가 일하겠다."

"할렐루야!"

응답이었다. 성령님께서 친히 일하신다는 감동을 받았다. 기도회 전 받은 감동을 사람들에게 믿음으로 선포했다.

'기도 인도하는 것이 부담됐기에 골방에서 기도했습니다. 성령님께서 일하신다는 감동을 받았습니다. 오늘 우리의 기도 가운데 성령님이 역사하십니다.'

기도 인도를 시작하자 성령님의 강한 임재가 있었다. 성령님은 사람들이 아닌 나의 마음을 먼저 만지셨다. 눈물과 함께 회개 기도가 터져 나왔다. 하나님은 사람들을 만지시기 전에 나의 죄를 조명하셨고 거룩함 가운데 쓰기 원하셨다.

··· 여호와의 기구를 메는 자들이여
스스로 정결하게 할지어다 (사 52:11)

회개 기도를 인도하니 여기저기서 우는 소리가 들렸다. 성령님이 일하신 것이다. 청년들의 등에 손을 얹고 기도했는데 유독 두 명의 청년에게 성령님의 임재가 있음을 느꼈다. 기도회를 마치고 두 명의 청년에게서 연락이 왔다.

"기도해 주실 때 제 마음에 기쁨이 임했어요! 수련회에서 느꼈던 성령 충만을 경험했어요. 감사해요."

"기도해 주실 때 제 안에 있는 어둠이 쑥 빠져나갔어요. 감사해요."

기도회를 인도할 때마다 간절히 성령님이 일하시도록 간구했다. 인도자인 내가 거룩하고 간절한 만큼 성령님은 나를 도구 삼아 그 공간 가운데 하나님의 영광을 나타내셨고 하나님의 나라를 이루어 가셨다.

사역은 성령님이 하시는 것

나는 첫 대로 예수님을 믿었기에 목회의 배경이 전혀 없었다. 신학대학원에 와보니 나 혼자 예수를 믿고 있었다. 목사님, 선교사님 자녀가 많았고, 장로님, 집사님 자녀가 대부분이었다. 신학교 첫 수업에서 교수님께서 이런 말씀을 하셨다.

"목사님 아들은 성골, 장로님 아들은 진골, 안수집사님 아들은 6두품, 첫 대는 잡골입니다."

모두 무엇이 그렇게 재밌는지 깔깔거리며 웃었다. 나만 혼자 웃지 못했는데 그때만 해도 이 현실의 벽이 얼마나 높은지 깨닫지 못했다.

부모의 배경도 목회의 자원도 없었기에 나는 더욱 기도와 말씀에 전념했다. 내가 실력이 있어야 했다. 치열하게 준비했기에 나는 20대의 추억이 없다. 20대 초반 영적인 고난을 겪고 이른 나이부터 기도와 말씀에 전념했다. 얻는 게 있었으나 그만큼 잃는 것도 많았다. 인간적인 아쉬움을 뒤로 하고 목회를 잘하고 싶어서 기도와 말씀에 전념했는데 외로워서 울기도 많이 울었다. 성경을 보며 통곡을 하기도 했다. 은혜받은 것이 아니라 가슴이 사무치게 외로웠기 때문이다. 첫 대로 예수를 믿는 힘듦과 서러움에 눈물 흘리다 잠든 밤도 많았다. 그럼에도 나를 구원하시고 주의 종으로 부르신 하나님을 바라보며 하루하루를 견뎌냈다. 그런데 그런 나의 마음에 비수가 꽂히는 사건이 있었다.

당시 친하게 지내던 신학생 형이 있었는데 전도사로 교회 사역을 하게 됐다는 소식을 들었다.

"형, 축하해요 기도할게요 저도 사역을 해보고 싶네요."

"태훈아, 너 같은 애를 누가 쓰니?"

"네?"

"너는 첫 대로 예수를 믿고 배경도 없잖아. 검증도 안 됐고 그런데 교회에서 너를 쓸까?"

상처였다. 형의 아버지는 유명한 목사님이셨기에 부모님의 배경과 기도가 있었다.

마음이 어려워서 기도했다.

"하나님! 저는 가진 것이 없습니다. 그래서 기도와 말씀밖에 할 수 없습니다. 긍휼히 여겨주세요."

기도를 마치자마자 전화벨이 울렸다. 친한 동생에게 온 전화였다.

"형, 오늘 저녁에 김형민 목사님께서 학교에 오신다는데 형도 가실래요?"

"그래 알았어."

여성 신학생들을 위한 집회였는데 하나님께서는 김형민 목사님을 통해 나를 위로하셨다.

"여러분 목회는 배경으로 하는 것이 아니에요. 저도 아무것도 없었습니다. 목회는 성령으로 하는 것입니다. 기죽지 마세요."

나의 상황을 아셨던 것처럼 목사님의 모든 말씀이 나에게 하시는 하나님의 말씀이었다. 눈물이 났다. 다시 한 번 마음을 다잡고 준비할 수 있었다. 후에도 하나님은 김형민 목사님의 설교를 통해 나를 위로하셨다. 목회는 성령으로 하는 것, 기도로 하는 것, 큰 목회가 아니라 영혼을 살리는 것 등 때에 맞게 성령님은 목사님을 통해 나에게 말씀하셨다.

내가 처한 상황과 환경을 보면 좌절할 수밖에 없었다. 부모님께서 목사님이신 동기들은 아버지 교회에서 주로 사역했는데 나는 사역지에 대해 걱정부터 해야 했다. 여기서부터 큰 차이가 났다. 마음이 어려울 때마다 내가 할 수 있는 것은 하나님 앞에 더욱 엎드리는 것뿐이었다. 세상의 눈으로 나를 보는 것이 아닌 하나님의 눈으로 나를 보려고 애썼다. 기도했고 성령의 충만함 가운데 날마다 현실을 돌파하려고 애썼다.

이는 우리 복음이 너희에게 말로만 이른 것이 아니라
또한 능력과 성령과 큰 확신으로 된 것임이라 (살전 1:5)

위로하시다

그런 나를 위로하셨던 하나님의 은혜가 있었다.

신학대학원 입학을 준비함과 동시에 나는 사역지를 두고 기도했다. 그전까지 사역지를 두고 기도하면 성령님은 늘 같은 감동을 주셨다.

"지금은 준비할 때다."

28살, 신학대학원 입학 준비를 하며 하나님께 기도했다.

"하나님, 이제 사역해도 돼요?"

"사역은 성령으로 하는 것이다."

"네, 알아요. 그런데 사역 나가도 돼요?"

"사역은 성령으로 하는 것이다."

하나님은 다른 말씀을 하지 않으시고 오직 '사역은 성령으로 하는 것'이라는 감동만 주셨다.

적당한 사역지가 없어서 마음이 어려웠다. 연줄도 배경도 없었기 때문에 과거의 상처가 떠올랐다. 답답한 마음을 가지고 기도하면 하나님은 늘 같은 감동을 주셨다.

하루는 새벽예배에 참석했는데 교회에 들어가자마자 들리던 목사님의 말씀은 "목회는 성령으로 하는 겁니다. 여러분!" 이었다. 눈물이 왈칵 쏟아졌다.

이런저런 환경을 통해 하나님은 동일하게 말씀하셨다.

'알겠어요. 하나님! 그런데 사역지가 있어야 성령으로 사역할 것 아니에요? 길을 열어주세요.'

며칠 뒤 이력서를 넣은 교회에서 전화가 왔다.

"노태훈 전도사님 되시나요? ○○교회입니다. 혹시 내일 면접 가능하세요?"

"네, 감사합니다."

다음날 목사님, 사모님과 면접을 보았다. 두 분 모두 나를 좋게 봐주셔서 청년부, 청소년 두 부서 모두 맡아주셨으면 좋겠다고 하셨다. 사례금도 그에 맞게 지급하시고 3년의 신학대학원 기간 동안 전액 장학금을 주시며 졸업 이후 목사 안수까지 책임을 지시겠다고 말씀하셨다. 그 당시 나는 침례교단과 감리교단을 두고 기도하고 있었는데 내가 지원한 교회는 감리교회였다. 목사님께서는 목원대학교 신학대학원 총장님께 전화를 미리 드렸다고 했다. 침례교단 진학이 아닌 감리교단의 진학과 감리 교회사역을 위해 힘쓰시겠다고 했다. 과분한 대우였기에 몸 둘 바를 몰랐다. 목사님께서 말씀하셨다.

"노 전도사님! 제가 목회를 오래 하고, 많은 전도사님을 만났지만 기도와 말씀으로 준비된 분이 적습니다. 목회의 본질은 기도와 말씀입니다. 함께 사역했으면 좋겠습니다."

목사님의 말씀을 통해 날 향한 하나님의 마음을 느낄 수 있었다.

"아들아, 잘 견뎌 줘서 고맙구나. 너는 가치 없는 사람이 아니란다. 내가 너를 반드시 사용할 것이란다."

정말 좋은 조건과 대우였기에 하나님의 뜻이라고 생각했다.

"하나님! 감사합니다. 이 교회가 하나님이 예비하신 교회인가요?"

"아니다."

"네?"

"침례교단으로 가라"

하나님은 나의 동기를 보게 하셨다. 침례교단이 감리교단보다 규모가 작아서 큰 교단을 가려고 했던 나의 욕심을 깨닫게 하셨다. 하나님은 나에게 침례교단에 대한 강한 확신을 주셨다.

그렇게 목사님을 통해 위로(?)만 받고 감리 교회에서 사역하지 않았다.

인간적인 기준으로는 미친 짓이었다. 일개 파트 전도사가 받을 수 있는 대우가 아니었다. 그런데도 나는 하나님을 신뢰했고 더 좋은 길을 예비하셨다는 믿음이 생겼다. 나는 침례교단으로 진학했고 하나님은 내가 존경하던 주의 종 밑에서 훈련받을 수 있는 은혜를 주셨다. 나는 훈련받는 기간 동안 돈으로 살 수 없는 경험과 성장을 했고 사역의 기반을 다지는 시간을 가질 수 있었다. 하나님의 뜻을 당장은 알 수 없지만, 하나님이 주시는 감동에 순종하고 나아갈 때 그 길은 늘 옳았고 최선이었다. 하나님은 언제나 좋으신 분이다.

너는 마음을 다하여 여호와를 신뢰하고
네 명철을 의지하지 말라 너는 범사에 그를 인정하라
그리하면 네 길을 지도하시리라 (잠 3:5-6)

성령님의 인도하심

침례교단으로 진학하라는 응답을 받은 후 며칠이 지났다. 친한 동생에게 전화가 왔다.

"형, 우리 학교 후기 입학이 있대요. 형 생각나서 전화해봤어요."

침례신학대학교 홈페이지를 검색해보니 2주 후에 면접 및 시험이 있었다.

2주 안에 지원하고 입학을 위한 공부를 해야 했는데 문제가 있었다. 그 당시 나는 대학교 졸업 시험을 보지 않아서 졸업 상태가 아닌 졸업 유예 상태였다. 1년 동안 여유 있게 신학대학원을 준비할 생각으로 졸업시험을 미룬 것이었다.

바로 대학교 학과 사무실에 전화했다.

"안녕하세요. 졸업 문의드리려고 전화했습니다. 제가 졸업 시험을 봐야 하는데 시험 일정이 어떻게 되나요?"

"네, 선배님! 올해부터 졸업 제도가 바뀌어서 선배님은 졸업시험을 보지 않으셔도 됩니다. 선배님은 후기에 자동으로 졸업이 됩니다."

할렐루야! 2주 후에 신학대학원 입학시험이 있더라도 나는 대학교 졸업 유예 상태였기 때문에 지원 자격이 되지 않았다. 그러나 대학교 졸업제도가 바뀌어서 후기 대학 졸업과 동시에 신학대학원 입학을 지원할 수 있게 되었다. 하나님의 예비 하심이었다.

신학대학원 입학 원서를 제출하고 남은 기간 동안 입학시험을 위해 공부했다.

하나님의 은혜가 시험 가운데도 있었다. 입학시험 문제 중 신학 영어가 있었는데 신학 용어가 생소했기 때문에 문장의 해석이 어려웠다. 단기간에 영어 단어를 암기하는 것이 무리였는데 내가 지원한 후기 입학부터 신학 영어가 시험과목에서 배제됐다. 은혜였다. 이번에는 논술이 문제였다. 논술 주제가 정해진 것도 아니었고 공부할 수 있는 책이 있는 것도 아니었다. 교직원분께 물어보니 평소에 신학과 신앙적 사고를 많이 해야 답을 할 수 있다고 하셨다.

이 부분은 하나님께 기도하고 내가 할 수 있는 영역에서 최선을 다했다.

시험 당일 논술 문제를 확인한 나는 다시 한 번 하나님의 인도 하심에 놀라지 않을 수 없었다. 시험 전날 교회 동생들과 카페에서 토론했던 주제가 논술의 문제로 출제된 것이었다. 할렐루야! 하나님의 은혜로 신학대학원에 입학할 수 있었다. 지난 인생을 인도하신 하나님의 은혜가 생각이 나서 눈물이 났다. 모든 것이 하나님의 은혜였다.

이 하나님은 영원히 우리 하나님이시니
그가 우리를 죽을 때까지 인도하시리로다 (시 48:14)

신앙생활을 하며 하나님을 경험할수록 하나님에 대해 절대적인 신뢰 하나가 생긴다.

그것은 내 생각보다 하나님의 생각이 늘 높고 옳다는 것이다.

내 생각은 눈앞에 일어나는 몇 수밖에 예측할 수 없지만, 하나님의 수는 나의 인생을 모두 아시는 '신의 한수'이다. 하나님께 순종하는 것이 내 인생 최고의 한 수인 것이다. 그래서 하나님의 응답이 내 생각과 다르더라도 기쁘게 순종의 발걸음을 뗄 수 있게 됐다. 나는 현재의 이해관계만 따지지만, 하나님은 모든 것을 아시고 응답하시기 때문이다. 그리고 그 길은 늘 옳았고 최선이었다. 경험으로 쌓인 신뢰가 믿음의 걸음을 걷게 했다.

> 이는 하늘이 땅보다 높음 같이 내 길은 너희의 길보다 높으며
> 내 생각은 너희의 생각보다 높으니라 (사 55:9)

성령님 안에 머물러라

한국사회의 특징 중 하나는 '바쁨'이다. 바쁘다는 인사가 미덕으로 들릴 만큼 바쁘게 살아가는 사람을 인정하고 높이는 경향이 있다.

안타까운 사실은 세상의 바쁨이라는 미덕이 교회 안에 들어왔고 많은 행사와 프로그램을 하는 교회를 살아있는 교회로 오해하게 만든다는 것이다. 여기에서 많은 문제가 야기된다.

> 그들이 길 갈 때에 예수께서 한 마을에 들어가시매
> 마르다라 이름 하는 한 여자가 자기 집으로 영접하더라
> 그에게 마리아라 하는 동생이 있어

주의 발치에 앉아 그의 말씀을 듣더니

마르다는 준비하는 일이 많아 마음이 분주한지라

예수께 나아가 이르되

주여 내 동생이 나 혼자 일하게 두는 것을

생각하지 아니하시나이까

그를 명하사 나를 도와주라 하소서

주께서 대답하여 이르시되

마르다야 네가 많은 일로 염려하고 근심하나

몇 가지만 하든지 혹은 한 가지만이라도 충분하니라

마리아는 이 좋은 편을 택하였으니

빼앗기지 아니하리라 하시더라 (눅 10:38-42)

마르다와 마리아라는 자매가 있었다. 그들은 예수님을 자신들의 집으로 영접했는데 둘은 예수님 앞에서 상반된 모습을 보였다. 언니 마르다는 주님을 위해 이것저것 준비하느라 마음이 분주했고 동생 마리아는 주님 가까이 앉아 주님의 말씀을 들었다.

마르다는 자신을 돕지 않는 동생을 주님에게 고자질하지만 주님은 더 좋은 편을 선택한 마리아를 칭찬하신다. 마르다는 주님을 집에 모셔놓고 주님을 대접하기 위해 일을 했다. 인간적인 기준으로 보면 당연한 행동이지만 하나님의 뜻은 우리의 뜻과 다른 것을 본문을 통해 알 수 있다. 마르다는 큰 실수 하나를 범했다. 주님이 자신의 집에 오신 것은 하나님의 영광이 임재하신 것을 의미한다. 그러나 마르다는 주님과 교제하기보다 하나님을 위해 자신이 무엇을 할 수 있는지 증명하기 위해 주님에게서 등을 돌렸다. 주님을 위해 일한다고 했지만 정작 주님의 뜻과는 상관없는 자신의 일이었다. 자신과 교제하고 싶어 하시는 주님의 마음을 몰랐던 마르다는 자신의 열심으로 인해 주님을 바라보지 않았다. 나의 의가 나를 망하게 하는 것이다. 그러나 동생 마리아는 달랐다. 주님이 집에 오셨을 때 주님을 섬기기 위해 어떠한 행위를 한 것이 아니었다. 단지 주님 발치에 가까이 앉아서 주님과 교제했다. 그것이 전부였다. 주님의 임재를 오감으로 느끼며 말씀을 들었고 심령을 새롭게 했다. 마리아는 자신을 바라보는 주님의 눈빛에서 사랑을 느꼈고 더욱 깊은 사랑으로 주님께 나아갈 수 있었다. 그런 마리아를 주님은 칭찬하셨다. 내가 주님을 위해 일을 하는 것보다 더 중요한 것은 주님 안에 머무르는 것이다. 이것이 본질이다. 본질 없는 행위는 주를 향한 나의 열심과 나의 마음을 만족시켜 주는 '인간적인 의'일 뿐이다. 실상은 하나님의 뜻과 거리가 굉장히 먼 것을 알 수 있다. 신앙생활의 비밀이 여기에 있다. 성경은 마르다의 마음이 분주했다고 기록하고 있는데 바쁠 망(忙)이란 한자는 마음 심(心)과 망할 망(亡)이란 한자로 이루어져 있다. 즉 바쁜 것은 마음이 망해 가는 것이다. 주님과 상관없는 나의 열심이 알고 보면 망하는 지름길이다.

무릇 주를 멀리하는 자는 망하리니 … (시 73:27)

하나님께 가까이 함이 내게 복이라 … (시 73:28)

사역 현장 가운데 수많은 행사와 프로그램이 있다. 그 일들을 위해 사역자와 헌신된 성도들의 충성이 요구된다. 처음에는 내 안에 있는 은혜로 섬길 수 있다. 은혜가 바닥나면 인간적인 선함과 충성심으로 섬기게 되고 나의 선마저 바닥나면 내 안에서 올라오는 상처와 쓴 뿌리로 인해 교회 내에 잡음이 생기고 번아웃을 경험하게 된다. 기도와 말씀을 통해 하나님 앞에 머무르고 은혜로 채움 받는 시간이 없다면 모든 일은 사람의 일이지 하나님의 일이 아니다.

… 우리의 의는 다 더러운 옷 같으며 … (사 64:6)

나는 기독교 재단의 대학교를 졸업했다. 학교 특성상 수많은 선교 단체가 정식 동아리로 등록되어 활동하고 있었는데 그곳에서 만난 친구의 간증이 지금도 기억에 남는다. 친구는 기독교 동아리 연합 회장으로 주님과 학교를 위해 수고했지만 수고보다 미비한 열매를 맺은 것 같아 마음이 어려웠다고 했다. 그러나 해가 바뀌고 다시 한 번 학교를 섬길 때는 골방에 들어가 기타를 치며 주님을 예배하고 기도했다. 그 결과 자신이 분주하게 움직이지 않아도 모든 일이 되어 지고 부흥하는 것을 경험했다고 한다.

친구의 간증은 마리아와 마르다의 영성의 다른 결과를 우리에게 보여준다.

내가 열심을 내는 것이 아닌 성령님의 임재 안에서 쉼을 누리고 채움을 받아 성령에 이끌리어 교회를 섬길 때 진정한 회복과 부흥의 은혜가 있다. 바쁨이란 미덕 속에 속아 진짜 우리가 놓치고 있던 본질은 주님과의 교제를 누리는 것이다. 교제를 통해 하나님과의 친밀함이 회복될 때 내 안에 부흥이 일어나고 그 부흥의 불씨가 교회에 확장된다.

내가 증언하노니 그들이 하나님께 열심이 있으나
올바른 지식을 따른 것이 아니니라
하나님의 의를 모르고 자기 의를 세우려고
힘써 하나님의 의에 복종하지 아니하였느니라 (롬 10:2-3)

'그 날'을 위한 임재훈련

코로나 펜데믹으로 인해 교회가 폐쇄됐다. 비대면 온라인 예배를 드리는 상황 가운데 교회는 수많은 어려움을 겪고 있고 성도들의 믿음이 약해진 것을 보게 된다. 그러나 예배의 핵심은 장소의 모임이 아닌 하나님의 영광을 대면하는 것이다. 이것을 간과한 채, 그동안 가르치고 경험하고 훈련하지 않은 상태에서 교회 폐쇄를 경험하니 많은 혼란과 어려움을 겪는 것이다.

앞으로는 더 많은 전염병이 창궐할 가능성이 크고 가시적인 교회에 모여 예배하는 것이 어려워질 것이다. 그러므로 예수 그리스도 안에 있는 내가, 성령님의 임재를 통해, 하나님의 통치를 받는 삶의 예배를 훈련해야 한다.

내가 했던 성령님의 임재 훈련을 소개한다.

하나님은 영이시니
예배하는 자가 영과 진리로 예배할지니라 (요 4:24)

첫째, 회개하라.

성령님은 거룩하신 영이시기 때문에 죄와 함께하실 수 없다. 내가 죄를 짓는 영역과 그 마음에는 성령님의 통치가 미치지 않는다. 성령님의 임재를 훈련하기 위해서는 내 안에 오물을 버리는 회개 기도를 충분히 해야 한다. 비워야 채울 수 있는데 오물이 있으면 깨끗한 물을 채우더라도 마실 수 없는 것과 같은 이치다.

이 부분에서 마음의 동기를 점검해야 한다. 능력을 받아 사람들 위에 군림하려는 욕심인지, 겸손한 마음으로 주의 뜻을 이루고 싶은 마음인지 날마다 점검하고 회개하며 하나님께 나아가야 한다.

주는 죄악을 기뻐하는 신이 아니시니
악이 주와 함께 머물지 못하며 (시 5:4)

둘째, 구하라.

비웠으면 채워야 한다. 바로 성령님을 초청하는 것이다. 그러나 영적인 훈련이 되지 않았다면 이 부분은 쉽게 열리지 않는다. 기도하는 주의 종에게 안수를 받든지, 성령 충만한 예배에 참석해야 한다. 마치 방사능에 피폭되듯 성령님의 임재에 노출이 많이 될수록 접촉이 쉬워진다. 나도 임재 훈련을 하던 초창기, 찬양과 기도 영상, 집회 참석을 통해 도움을 많이 받았다.

구하는 부분에서 추천하는 것은 방언 기도를 많이 하는 것이다. 방언 기도는 영의 기도이기 때문에 영의 세계에 접근하는 데 도움을 준다. 내가 처음 임재 훈련을 할 때 이른 시일 안에 임재를 경험한 이유는 많은 방언 기도의 양이 있었기 때문이다. 그리고 지금도 쉼 없는 기도를 통해 성령님의 임재를 늘 누리고 있다.

(글을 쓰고 있는 지금도 기도를 하며 성령님의 임재를 느끼고 있다)

셋째, 주의 뜻을 이루라.

성령의 임재가 있다는 것은 하나님의 나라(통치, 주권, 다스림)가 나에게 임한 것이다. 하나님의 나라가 임하면 성령님은 내 안의 모든 것들을 그분의 뜻에 맞게 바꾸길 원하신다. 나아가 나를 통해 이 땅에 주의 뜻을 이루고자 하신다.

나라가 임하시오며

뜻이 하늘에서 이루어진 것 같이

땅에서도 이루어지이다 (마 6:10)

임재의 목적은 나의 욕심을 이루는 것도 아니고 나의 능력 있음을 과시하는 것도 아닌 오직 하나님 나라를 세우는 것이다. 이를 위해서 삶 가운데 행하는 믿음이 필요하다. 세상이란 전쟁터에서 생명의 빛을 밝혀야 한다. 나의 삶터, 직장, 가정, 학교 등 삶의 영역에서 주의 말씀에 순종함으로 주의 뜻을 이루는 것이다.

고인 물이 썩듯이 고인 기름도 썩는다. 하나님과 세상을 연결하는 '나'라는 파이프를 통해 하나님의 생명을 흘려보낼 때 주의 뜻이 이 땅에 이루어진다. 성령님의 임재 안에서 하나님의 생명을 흘려보낼수록 믿음이 성장하게 되고 성장한 믿음의 분량만큼 더 큰 하나님의 능력과 은혜를 경험할 수 있다.

넷째, 하나님 앞에 머물러라.

열심히 하루를 살았다. 영과 육의 에너지를 쓰고, 세상에서 묻은 더러움을 가지고 퇴근한다. 경험상 퇴근 후 시간이 제일 중요한데 기도와 말씀으로 하나님 앞에 머무르는 시간을 절대적으로 가져야 한다. 에너지를 썼으니 충전하는 시간을 가져야 하는 것이다.

많은 경우 성도들이 이 부분에서 실패한다. 습관이 되지 않아 영적

생활이 부담으로 느껴지기 때문이다. 기도와 말씀을 통해 영혼의 쉼을 누리기보다 육신의 쉼을 추구하기 때문에 깊은 영역으로 나아가지 못한다. 우리 신앙의 승패는 퇴근 후 하루를 마무리하는 2시간에 달려 있다고 볼 수 있다.

하루를 마무리하는 시간을 기도와 말씀의 제단에서 보내야 한다. 그곳에서 새로운 기름 부으심을 받고 영적인 쉼을 누려야 한다. 그래야 내일을 살 수 있다. 하루의 시작은 아침이 아니라 전날 밤, 하나님과의 관계에서 시작된다.

마음의 중심을 보시는 성령님

내가 다닌 대학교는 미션 스쿨이었다. 교내 채플이 있던 어느 날, 나는 친구의 부탁으로 대표 기도를 하게 되었다.

'성령님 임하셔서 우리를 충만하게 하시고, 캠퍼스 가운데 주의 뜻을 이룰 수 있게 해주세요.'

나는 예수님이 가르쳐 주신 주기도문의 내용인 '뜻이 하늘에서 이루어진 것 같이 땅에서도 이루어지이다'(마6:10)는 말씀을 기초로 했다.

그런데 문제가 있었다. 교목으로 사역하시던 목사님께서 나의 기도가 잘못됐다고 말씀하셨다.

"여러분, 성령의 임재는 잘못된 것입니다. 그런 건 없습니다."

나는 대표 기도를 마친 후, 수요 예배에 참석했기 때문에 일찍 자리를 떠났다. 내가 없는 그 자리에서 목사님께서 하신 말씀이다.

    친구에게 얘기를 전해 들은 나는 마음이 어려웠다. '내가 정말 잘
못된 것인가, 그럼 수많은 성경 말씀과 기도의 내용, 성령의 임재를
노래한 찬양은 다 틀린 것인가?'라는 의문이 들었다.

> 요한은 물로 세례(침례)를 베풀었으나 너희는 몇 날이 못되어
> 성령으로 세례(침례)를 받으리라 하셨느니라 (행 1:5)

    예수님께서는 승천하시기 전, 제자들에게 성령으로 침례를 받을
것이라고 말씀하셨다. 그리고 예수님의 말씀은 오순절 날, 마가다락
방에서 성취되었다.

> 오순절 날이 이미 이르매 그들이 다같이 한 곳에 모였더니
> 홀연히 하늘로부터 급하고 강한 바람 같은 소리가 있어
> 그들이 앉은 온 집에 가득하며
> 마치 불의 혀처럼 갈라지는 것들이 그들에게 보여
> 각 사람 위에 하나씩 임하여 있더니
> 그들이 다 성령의 충만함을 받고 성령이 말하게 하심을 따라
> 다른 언어들로 말하기를 시작하니라 (행 2:1-4)

    예수님께서는 성령으로 침례를 받는다고 말씀하셨다. 그런데 예수
님의 말씀이 성취된 사도행전 2장 1절에서 4절까지의 말씀은 아이러

니하게도 침례라는 단어가 없다. 오히려 '임하여 있더니'와 '성령의 충만함'이란 단어로 대체된 것을 알 수 있다. 침례는 사람이 물속에 완전히 잠겼다가 일어나는 것으로, 예수 그리스도와 함께 죽고 부활했음을 상징한다. 그런 의미에서 성령으로 침례를 받는다는 것은, 주의 성령의 내주하심과(고전 12:13) 더불어 온몸이 물에 잠기듯 육신이 성령의 충만한 통치를 받는 것으로 이해할 수 있다.

주 여호와의 영이 내게 내리셨으니
이는 여호와께서 내게 기름을 부으사
가난한 자에게 아름다운 소식을 전하게 하려 하심이라
나를 보내사 마음이 상한 자를 고치며
포로된 자에게 자유를,
갇힌 자에게 놓임을 선포하며 (사 61:1)

하나님이 나사렛 예수에게
성령과 능력을 기름 붓듯 하셨으매
그가 두루 다니시며 선한 일을 행하시고
마귀에게 눌린 모든 사람을 고치셨으니
이는 하나님이 함께 하셨음이라 (행 10:38)

성경은 또한 성령의 임재를 '기름을 붓다'라고 표현하는데, 하나님은 예수님에게 성령의 기름을 부으사 주의 뜻을 이루셨다.

우리가 위의 말씀들을 통해 알 수 있는 것은, 성령의 역사에 대한 표현은 상황에 따라 다르지만, 성령님의 역사를 구하는 본질은 같다 라는 것이다. 바로 주의 뜻을 이루기 위해 우리에게 성령의 역사가 절 대적으로 필요하다.

나라가 임하시오며
뜻이 하늘에서 이루어진 것 같이
땅에서도 이루어지이다 (마 6:10)

하나님의 나라는 주의 성령이 임하실 때 이루어지는 하나님의 통 치하심이다. 그래서 하늘의 뜻이 우리에게, 우리를 통해 세상에 이루 어지기 위해서는 오직 성령님의 역사 하심이 필요하다.

하나님께서 우리를 구원하신 이유는 선한 일을 열심히 하는 자기 백성(딛2:14)이 되기 위함이라고 성경은 말씀하고 있다. 여기서 선한 일이란 윤리 도덕적으로 옳은 일이 아닌 선하신 하나님의 뜻을 이루 는 것이다.

하나님의 뜻은 인간적인 행위와 선함, 노력으로 이루어지지 않는 다. 오직 성령에 이끌리는 삶을 살 때 우리를 통해 하나님께서 친히 이루어 가신다. 그래서 우리에게 성령의 충만함이 필요하다.

술 취하지 말라 이는 방탕한 것이니
오직 성령으로 충만함을 받으라 (엡 5:18)

성령님을 부르는 표현이 사람마다 다르지만, 표현의 다름보다 중요한 것은 성령님을 부르는 내면의 동기다.

나의 힘으로 구원을 이루어 갈 수 없고, 나의 노력으로 주의 뜻을 이룰 수 없으므로 오직 성령님의 도우심을 구하는 것이다.

그러므로 나의 사랑하는 자들아

너희가 나 있을 때뿐 아니라 더욱 지금 나 없을 때에도

항상 복종하여 두렵고 떨림으로 너희 구원을 이루라

너희 안에서 행하시는 이는 하나님이시니

자기의 기쁘신 뜻을 위하여

너희에게 소원을 두고 행하게 하시나니 (빌 2:12-13)

우리가 그를 전파하여 각 사람을 권하고

모든 지혜로 각 사람을 가르침은

각 사람을 그리스도 안에서 완전한 자로 세우려 함이니

이를 위하여 나도 내 속에서 능력으로 역사하시는 이의

역사를 따라 힘을 다하여 수고하노라 (골 2:28-29)

영의 세계는 눈에 보이지 않는다. 하나님의 일의 시종을 우리는 측량할 수 없고(전 3:11), 전능자를 능히 완전히 알 수 없다.(욥 11:7) 그래서 우리의 표현의 다름보다, 혹은 표현의 실수(?)보다 더욱 중요한 것은 우리의 중심이다. 사람은 말의 실수를 보고 트집을 잡지만, 하나님

은 우리의 중심을 보시고 응답하신다. 하루는 다양한 표현으로 하나
님께 기도를 드렸다.

'성령님, 임하소서.'
'성령님, 기름 부으소서.'
'성령님, 충만케 하소서.'
입술의 기도는 달랐지만 나의 중심은 동일했다.

'하나님, 저는 참 연약하고 부족한 사람입니다. 제 안에 선한 것이
없음을 봅니다. 제 안에 저를 구원할 만한 그 어떤 의로움도 없음을
고백합니다. 성령님, 저를 좁은 길로 인도하시고, 성령의 충만함 가운
데 이 땅에 주의 뜻을 이루는 통로 되게 해주세요.'

내가 성령님을 부르는 표현은 모두 달랐지만, 나에게 부어지는 하
나님의 은혜는 동일했다.
하나님이 보시는 것은 우리의 표현보다, 성령님을 구하는 우리의
동기, 진실함이다.
나의 결핍을 채우고자 성령님을 구하는 것이 아닌, 하나님의 뜻대
로 간구할 때 성령님은 은혜로 역사하신다.

내가 보는 것은 사람과 같지 아니하니
사람은 외모를 보거니와 나 여호와는 중심을 보느니라 (삼상 16:7)

3장
좁은 길은
기도의 능력으로 걸을 수 있다

기도란 무엇인가?

바른 행동은 바른 믿음에서 나오고 바른 믿음은 바른 지식에서 나온다. 우리의 신앙은 성경이라는 지식 위에 세워져야 건강하다. 기도도 마찬가지이다. 기도가 무엇인지 바로 알아야 응답받을 수 있다. 종종 '기도해도 되는 것 하나 없네'라고 말하는 사람들을 본다. 그들의 기도 내용을 보면 온통 자신의 결핍과 이 땅의 필요, 육신의 정욕을 충족시키기 위한 것들이다. 세상의 우상 앞에 빌던 버릇을 하나님께 가지고 나와 떼를 쓰는 것이다. 이런 자들은 성경의 법대로 기도 하지 않기 때문에 응답받을 수 없다.

기도란 무엇인가? 기도의 정의는 무엇이고 응답받는 기도는 어떻게 하는 것인가?

사람들은 기도라 하면 자신의 소원을 하나님께 아뢰고 응답받는 것으로 생각한다.

그러나 이것은 성경이 말하고 있는 기도의 우선순위가 아니다.

한 사람이 두 주인을 섬기지 못할 것이니

혹 이를 미워하고 저를 사랑하거나

혹 이를 중히 여기고 저를 경히 여김이라

너희가 하나님과 재물을 겸하여 섬기지 못하느니라

그러므로 내가 너희에게 이르노니

목숨을 위하여 무엇을 먹을까 무엇을 마실까

몸을 위하여 무엇을 입을까 염려하지 말라

목숨이 음식보다 중하지 아니하며

몸이 의복보다 중하지 아니하냐

오늘 있다가 내일 아궁이에 던져지는 들풀도

하나님이 이렇게 입히시거든 하물며 너희일까 보냐

믿음이 작은 자들아,

그러므로 염려하여 이르기를

무엇을 먹을까 무엇을 마실까 무엇을 입을까 하지 말라

이는 다 이방인들이 구하는 것이라

너희 하늘 아버지께서

이 모든 것이 너희에게 있어야 할 줄을 아시느니라

그러므로 너희는 먼저 그의 나라와 그의 의를 구하라

그리하면 이 모든 것을 너희에게 더하시리라

(마 6:25-26,30-33)

본문은 사람이 재물과 하나님을 겸하여 섬길 수 없다고 말씀하고 있다. 하나님보다 돈을 사랑하거나 돈보다 하나님을 사랑하는 것이다. 이어지는 말씀을 보면 하나님보다 돈을 사랑하는 자들이 구하는 기도의 내용을 알 수 있다.

하나님보다 돈(세상의 것)을 사랑하는 자들은 육체의 목숨을 위하여 먹고, 마시고, 입는 것을 구한다. 이 땅의 필요만을 구하는 것이다.

우리가 이 땅의 필요를 구하는 본질적인 이유는 나의 결핍을 채우고자 하는 욕심 때문이다. 하나님이 태초에 사람에게 주신 '다스리라'는 권세가 죄로 인해 마귀에게 빼앗겼다. 이것은 결핍이 되었고 그 결핍을 채우고자 하는 욕구와 욕심이 생겼다. 세상의 것을 추구하는 것은 나를 지키고자 하는 행위이다. 내가 이 땅에서 주인으로 살며 나를 지키기 위해서는 나의 부족함을 채워야 하고 남들보다 더 많이 가져야 한다. 내가 내 인생의 주인이 되었기 때문에 하나님보다 재물을 더 사랑할 수밖에 없다. 이 땅의 재물이 나를 지켜주기 때문이다.

그러나 내가 주인 되므로 말미암아 한평생 마귀의 종노릇 하던 우리를 예수님이 구원하셨다. 성경은 하나님께서 예수님을 죽이심으로 우리를 향한 자신의 사랑을 확증하셨다고 말씀하고 있다. 그런 하나님께서 어찌 우리의 인생을 돌보지 않으실까? 하나님은 자신이 지으신 피조물까지 생각하시고 돌보신다. 그것들보다 귀한 우리를 하나님께서 지키시고 돌보신다는 것은 당연하다.

그러니 걱정하지 말고 이 땅의 필요를 구하지 말라고 하신다. 이는 이방인들이 구하는 것이기 때문이다. 이방인들은 구원받지 못한 사람들이다. 여전히 내가 내 인생의 주인 행세를 하며 자기 자신을 스스로 지키는 삶을 사는 자들이다. 남들과 경쟁해서 높은 자리에 앉아야 하고, 나를 지키기 위해 남들보다 더 많이 가져야 한다. 그래서 당연히 먹고, 마시고, 입는 것을 구할 수밖에 없다. 그러나 구원받은 하나님의 자녀는 더는 내가 내 삶의 주인이 아니고 내가 나를 지키는 것이 아니다. 창조주 하나님이 내 인생의 주인이시기에 그분이 나를 돌보신다. 아버지가 자녀를 돌보는 것이다.

예수님께서는 하나님의 자녀가 된 우리에게 먼저 그의 나라와 의를 구하면 이 땅의 필요를 채우신다고 약속하셨다. 육체를 입은 존재로서 먹고, 마시고, 입는 것이 필요하다는 것을 예수님도 알고 계신다. 그러나 기도의 본질, 우선순위는 이 땅의 필요가 아니라 그의 나라와 의를 먼저 구하는 것이다. '나라'의 뜻은 통치, 주권, 다스림이다. '의'는 하나님과의 바른 관계를 의미한다. 즉 나의 인생 가운데 하나님의 통치와 다스림이 있게 하시고 하나님과 바른 관계 안에 있기를 먼저 구할 때 이 땅의 필요를 채우시겠다는 것이다. 이것이 응답받는 기도의 원리이다.

그러나 우리의 기도는 어떠한가? 이 땅의 필요만을 구하지 않는가?

"하나님, 이번에 취업하게 해주시면, 이번에 시험 붙게 해주시면, 대학 가게 해주시면, 신앙생활 잘하겠습니다."

예수님은 하늘의 것을 구하면 이 땅의 필요를 채워 주신다고 하셨는데, 우리는 이 땅의 필요를 채우시면 하늘의 것을 한다고 한다. 순서가 바뀌었기 때문에 응답받지 못하는 것이다.

기도는 먼저 그의 나라와 의를 구하는 것이다.

하늘의 뜻을 이루는 골방기도

현대인들의 삶은 바쁘다. 시간을 확보하기가 어렵다. 오죽하면 '바빠서 기도한다'는 책이 나왔을까? 그러나 우리가 복음에 합당한 생활을 하기 위해서는 먼저 절대적인 기도의 제단을 쌓아야 한다. 기도를 통해 성령의 충만함을 받을 수 있고 성령에 이끌릴 때야 만이 비로소 복음의 은혜를 누릴 수 있기 때문이다.

> 너는 기도할 때에 네 골방에 들어가 문을 닫고
> 은밀한 중에 계신 네 아버지께 기도하라
> 은밀한 중에 보시는 네 아버지께서 갚으시리라 (마 6:6)

성경은 우리에게 골방에 들어가 기도하라고 말씀하고 있다. 문을 닫는다는 표현은 외부적인 단절만이 아니라 마음과 세상의 단절을 의미한다. 즉 하나님께 온전히 집중할 수 있는 상태를 의미하는 것이다. 골방이란 단어는 '약국' 또는 '연료실'이란 뜻이 있는데 우리는 골방 기도를 통해 하늘의 연료를 공급받고 회복을 경험할 수 있게 된다.

골방 기도는 하루 중 시간을 구별하여 기도의 제단을 쌓는 것인데 골방이란 단어의 뜻이 '연료실'과 '약국'임을 생각할 때 하루의 시작과 끝을 골방에서 기도로 보내는 것을 추천한다. 세상에서 하루를 살아내기 전에 주님이 주시는 하늘의 연료로 충분히 충전해야 한다. (자동차에 기름이 가득할 때 더 멀리 갈 수 있고 마음에 여유가 있는 것과 같은 이치다) 내 힘이 아닌 하늘의 힘으로 하루를 살아내고 지치고 피곤한 몸을 골방 이란 약국을 통해 회복해야 한다. 하루의 처음과 끝을 기도로 시작하고 기도로 마치는 것이 골방기도의 핵심이다.

나는 하루에 2~3번 정도 골방 기도를 드리는데 신학대학원을 다닐 때 훈련한 기도 습관이다. 나는 주·야간 수업을 같이 들었기 때문에 매일 10시간 정도 학교에 있었다. 수업을 마치고 집에 오면 밤 11시가 넘었다.

과제의 스트레스와 영과 육의 피곤에서 나를 지키고 성령 충만을 유지하기 위해서는 기도할 수밖에 없었다.

등교하기 전 여유 있게 일어나서 충분히 방언으로 기도했다. 방언으로 기도하다 보면 피곤이 사라지면서 정신이 또렷해지는데 하루의 시작을 기도로 하나님 앞에 머무는 것과 정신없이 바쁘게 시작하는 것은 큰 차이가 있다. 기도하지 않으면 생각과 감정에서부터 밀리기 시작했다.

피곤하다, 귀찮다, 짜증난다, 학교 가기 싫다 등 온갖 부정적인 감정들이 나를 사로잡았다. (전도사도 똑같다) 그러나 기도를 통해 피곤과 부정적인 감정을 몰아내고 성령의 충만함 가운데 하루를 시작하면 삶의 질이 다르다는 것을 경험으로 알 수 있다.

내가 온 것은 양으로 생명을 얻게 하고
더 풍성히 얻게 하려는 것이라 (요 10:10)

예수님은 우리에게 하나님의 생명인 영생을 주시고 영생을 통해 누리는 풍성한 삶을 주시기 위해 이 땅에 오셨다.

'풍성한'이란 단어는 남들보다 무엇을 더 얻는 것이 아니라 '질적인 우월함'을 뜻한다. 즉 기도를 통해 공급되는 하늘의 능력과 응답으로 질적으로 차원이 다른 삶을 살게 된다는 것을 의미한다.

나는 골방에서 받은 성령의 연료로 하루를 시작했다. 오후 시간이 되면 육체의 피곤함과 과제 스트레스를 몰아내기 위해 기도했다.

강당에서 방언으로 충분히 부르짖어 기도하다 보면 피곤이 떠나 갔다. 몸이 가벼워지고 마음과 정신이 맑아지는 것을 경험했는데 그 상태로 밤 10시 반까지 야간 수업을 들었다.

집으로 돌아와 하루를 마무리하며 기도했다. 하루를 마무리하며 드리는 골방 기도로 세상에서 묻은 모든 오물을 씻어내고 회복하는 충전의 시간을 가졌다. 나에게는 하루 중 이 시간이 가장 중요한데 하나님 안에서 안식을 누리는 시간이기 때문이다.

골방에서 드리는 기도가 나를 지켰다. 기도를 통해 영적인 세계가 열리는 만큼 육신의 삶 가운데 풍성함을 누릴 수 있었다. 기도를 안 하면 기도가 막히는 것이다.

다니엘이 이 조서에 왕의 도장이 찍힌 것을 알고도

자기 집에 돌아가서는 윗방에 올라가

예루살렘으로 향한 창문을 열고

전에 하던 대로 하루 세 번씩 무릎을 꿇고 기도하며

그의 하나님께 감사하였더라 (단 6:10)

믿음을 지키며 지금 시대를 감당하기가 절대 쉽지 않다. 타협하지 않고 거룩하게 구별되어 빛을 밝히는 자녀의 삶은 결코 쉬운 것이 아니다. 다니엘이 자신을 죽이려는 위협에서 담대할 수 있었던 이유는 '오직 기도'였다. 다니엘은 하나님께 기도드리면 자신이 사자 굴에 던져진다는 사실을 알고 있었다. 그런데도 그는 자신의 믿음을 지켰다. 죽을지언정 주를 부인하지 않은 것이다. 어떻게 이것이 가능한가? 다니엘은 위기가 닥치자 기도한 것이 아니었다. 다니엘 6장 10절 말씀을 보면 다니엘은 늘 습관을 따라 기도해 온 것을 알 수 있다. 평소에 쌓였던 기도가 위기의 순간에 빛을 발한 것이다.

기도했기 때문에 성령의 충만함으로 담대할 수 있었다. 성경은 이런 자들을 세상이 감당할 수 없다고 말씀하고 있다.

(이런 사람은 세상이 감당하지 못하느니라) … (히 11:38)

골방에서 드리는 기도가 나를 살린다. 성령이 주시는 능력으로 하루를 살아내고 성령이 주시는 쉼과 회복으로 하루를 마무리하는 것! 얼마나 아름다운가? 하나님 나라의 삶은 오직 기도로 가능하다.

지금은 마지막 때

지금 우리가 사는 이 시대가 마지막 때이다. 우리는 성경이 예언하고 있는 마지막 때의 징조들을 경험하며 살고 있다.

예수께서 성전에서 나와서 가실 때에 제자들이 성전 건물들을 가리켜 보이려고 나아오니 대답하여 이르시되 너희가 이 모든 것을 보지 못하느냐 내가 진실로 너희에게 이르노니 돌 하나도 돌 위에 남지 않고 다 무너뜨려지리라 예수께서 감람산 위에 앉으셨을 때에 제자들이 조용히 와서 이르되 우리에게 이르소서 어느 때에 이런 일이 있겠사오며 또 주의 임하심과 세상 끝에는 무슨 징조가 있사오리까 예수께서 대답하여 이르시되 너희가 사람의 미혹을 받지 않도록 주의하라 많은 사람이 내 이름으로 와서 이르되 나는 그리스도라 하여 많은 사람을 미혹하리라 난리와 난리 소문을 듣겠으나 너희는 삼가 두려워하지 말라 이런 일이 있어야 하되 아직 끝은 아니니라 민족이 민족을, 나라가 나라를 대적하여 일어나겠고 곳곳에 기근과 지진이 있으리니 이 모든 것은 재난의 시작이니라.
그때에 사람들이 너희를 환난에 넘겨주겠으며 너희를 죽이리니 너희가 내 이름 때문에 모든 민족에게 미움을 받으리라 그때에 많은 사람이 실족하게 되어 서로 잡아 주고 서로 미워하겠으며 거짓 선지자가 많이 일어나 많은 사람을 미혹하겠으며 불법이 성하므로 많은 사람의 사랑이 식으리라 그러나 끝까지 견디는 자는 구원을 얻으리라

이 천국 복음이 모든 민족에게 증언되기 위하여 온 세상에 전파되리니 그제야 끝이 오리라 그러므로 너희가 선지자 다니엘이 말한바 멸망의 가증한 것이 거룩한 곳에 선 것을 보거든 (읽는 자는 깨달을 진저) 그때에 유대에 있는 자들은 산으로 도망 할지어다

지붕 위에 있는 자는 집 안에 있는 물건을 가지러 내려가지 말며 밭에 있는 자는 겉옷을 가지러 뒤로 돌이키지 말지어다 그날에는 아이 밴 자들과 젖 먹이는 자들에게 화가 있으리로다 너희가 도망하는 일이 겨울에나 안식일에 되지 않도록 기도하라

이는 그때에 큰 환난이 있겠음이라 창세로부터 지금까지 이런 환난이 없었고 후에도 없으리라 그날들을 감하지 아니하면 모든 육체가 구원을 얻지 못할 것이나 그러나 택하신 자들을 위하여 그날들을 감하시리라 그때에 사람이 너희에게 말하되 보라 그리스도가 여기 있다 혹은 저기 있다 하여도 믿지 말라 거짓 그리스도들과 거짓 선지자들이 일어나 큰 표적과 기사를 보여야 할 수만 있으면 택하신 자들도 미혹하리라 보라 내가 너희에게 미리 말하였노라 그러면 사람들이 너희에게 말하되 보라 그리스도가 광야에 있다 하여도 나가지 말고 보라 골방에 있다 하여도 믿지 말라 번개가 동편에서 나서 서편까지 번쩍임 같이 인자의 임함도 그러하리라 주검이 있는 곳에는 독수리들이 모일 것이니라

그 날 환난 후에 즉시 해가 어두워지며 달이 빛을 내지 아니하며 별들이 하늘에서 떨어지며 하늘의 권능들이 흔들리리라 그때에 인자의 징조가 하늘에서 보이겠고 그때에 땅의 모든 족속이 통곡하며

그들이 인자가 구름을 타고 능력과 큰 영광으로 오는 것을 보리라
그가 큰 나팔소리와 함께 천사들을 보내리니 그들이 그의 택하신
자들을 하늘 이 끝에서 저 끝까지 사방에서 모으리라 (마 24:1-31)

나는 첫 대로 예수를 믿기 때문에 많은 핍박과 어려움을 겪었다. 나의 잘못과 상관없는 예수를 믿는 이유 하나 때문에 겪는 어려움이었다.

"하나님, 너무 힘이 듭니다. 왜 제게 이런 고난을 허락하셨습니까?"

"네가 앞으로 사역할 때는 환난이기 때문에 기도훈련 시키려고 하는 거란다."

2013년도 2월에 받았던 감동이다. 어린 마음에 약 30년 후 내 나이 중년이 되어서 닥칠 일이라고 생각했다. 그런데 그 시기가 생각보다 빨리 왔다. 마지막 때가 오는 것이 아니라 지금이 마지막 때고 우리는 지금 예수님이 말씀하신 마지막 때의 징조들을 경험하며 살고 있다.

예수님께서는 먼저 사람의 미혹을 받지 않도록 주의하라고 하셨다. 인터넷이 발달한 지금 검색만 하면 수많은 목사님의 설교를 들을 수 있다. 건강한 설교도 있지만 마지막 때를 빙자한 거짓도 난무하고 있다. 음모론에 심취한 어느 목사님은 영상을 공개하고 두 달 뒤에 한국 전쟁이 있을 것이라고 했다. 한국 전쟁 전에 휴거가 있다고 가르쳤는데 그것이 벌써 2년 전의 일이다.

전 세계적으로 난리와 소문으로 시끄럽다. 예수를 믿지 않는 사람도 종말이 가까이 왔음을 본능적으로 느끼고 있다. 한국과 북한이

서로 대치하고 있다. 중동의 분쟁이 있고, 미 중간의 패권 전쟁이 있다. 매년 지진의 숫자가 증가하고 있고 지진의 강도도 커지고 있으며 자연 재해와 기상 이변이 자주 일어나고 있다. 누가복음은 마태복음에는 없는 '전염병'을 기록하고 있는데 코로나 펜데믹을 경험하며 깨어 있는 그리스도인들은 지금이 마지막 때인 것을 실감하고 있다.

국가의 법을 통해 기독교 신앙을 압박하고 있다. 성경의 가치관과 반대되는 법안들이 발의되고 있고 법이라는 합법적인(?) 제도를 통해 교회의 체제를 압박하고 있다. 악법이 통과된 외국에서는 거리에서 복음을 전하면 경찰에 연행되고 기독교 신앙을 지키는 것이 국가가 제정한 법과 반대된다고 하여 벌금형 및 투옥을 당하고 있다. 지금도 세계 각처에서 예수를 믿는 신앙 때문에 순교를 당하는 사람들이 있다. 예수쟁이라는 멸시와 천대가 늘 있었지만, 요즘같이 기독교에 대한 반감이 심한 적도 없는 것 같다. 날이 갈수록 세상은 말씀을 고수하는 기독교인들을 핍박할 것이다. 불법이 성하므로 많은 사람의 사랑이 식는다고 한다. 성경의 가치관과 반대가 되는 세상의 악법들이 더욱 제정될 것인데 하나님의 법인 '사랑'을 대적하니 사랑이 식는 것은 당연한 결과다. 내 몸 하나 건사하는 것이 어렵다 보니 극심한 이기주의와 개인주의가 넘쳐나고 있고, 주님의 재림이 가까이 올수록 세상은 성경과 반대로 가며 성경을 진리로 믿는 알곡과 양들은 심한 박해를 받고 환난에 넘겨질 것이다. 그래서 우리는 끝까지 믿음을 지키고 구원에 이를 수 있도록 나를 부인해야 한다.

누가 어떻게 하여도 너희가 미혹되지 말라

먼저 배교하는 일이 있고

저 불법의 사람 곧 멸망의 아들이 나타나기 전에는

그날이 이르지 아니하리니 그는 대적하는 자라

신이라고 불리는 모든 것과 숭배함을 받는 것에 대항하여

그 위에 자기를 높이고 하나님의 성전에 앉아

자기를 하나님이라고 내세우느니라 (살후 2:3-4)

성경은 적그리스도가 등장하기 전에 배교가 있을 것이고, 적그리스도가 등장하면 하나님의 성전에 앉아 자기를 하나님이라고 내세울 것이라고 말씀하고 있다.

유대인들은 제 3성전 건축 준비를 벌써 마쳤는데 정치적, 종교적 이유로 건축을 못 하고 있을 뿐이다. 유대인들이 지금도 기다리는 메시아는 다윗 왕조의 영광을 재현할 정치적, 군사적인 힘을 가진 인물이다. 유대인들이 인정하는 메시아의 조건 중 하나는 성전 건축에 직, 간접적인 도움을 주는 인물이다.

적그리스도의 등장으로 그리스도인을 향한 유례없는 핍박이 있을 것이라고 성경은 말씀하고 있다. 핍박의 크기는 창세부터 지금까지 없었던 것이기에 핍박의 날들을 감하지 않으면 모든 육체가 구원을 얻지 못한다고 기록하고 있다. 그만큼 어려운 시대가 우리를 기다리고 있다. 이것이 성경이 말씀하고 있는 마지막 때의 큰 그림이다. 그리고 우리는 그 안에 살고 있다. 이제 시작이다. 진리의 허리띠를 단단히 매어야 한다.

주의하라 깨어 있으라

그때가 언제인지 알지 못함이라 (막13:33)

… 인자가 올 때에

세상에서 믿음을 보겠느냐 하시니라 (눅 18:8)

노아의 때와 같이

인자의 임함도 그러하리라 (마 24:37)

… 방주에서 물로 말미암아 구원을 얻은 자가

몇 명뿐이니 겨우 여덟 명이라 (벧전 3:20)

마지막 때는 끝까지 견디며 믿음을 지키는 자가 적다. 그래서 구원
은 좁은 문 좁은 길이다. 또한 마지막 때는 노아의 때와 같다고 성경
은 말씀하는데 노아의 때에는 겨우 8명만 구원받았다. 극소수의 사
람들만이 믿음을 지킨다는 것이다. 그래서 창세 이래로 지금까지 없
던 환난이라 말씀하신 것이다.

'그 날'의 영광을 위하여 기도하라

그럼 우리는 그날을 어떻게 준비해야 할까?

너희는 스스로 조심하라

그렇지 않으면 방탕함과 술 취함과 생활의 염려로

마음이 둔하여지고 뜻밖에 그날이

덫과 같이 너희에게 임하리라

이날은 온 지구 위에 거하는 모든 사람에게 임하리라

이러므로 너희는 장차 올 이 모든 일을 능히 피하고

이제 앞에 서도록 항상 기도하며 깨어 있으라 하시니라

(눅21:34~36)

    누가복음에 나타난 환난의 모습 이후 예수님이 하신 말씀인데 그 날을 맞이하는 성도의 자세에 대해 가르쳐 주고 있다. 첫째로 스스로 조심하는 것이다. '조심하다'의 헬라어 원어는 '주의하다'와 '전념하다'라는 의미가 있다. 즉 믿음을 잃지 않기 위해 주의하고 신앙생활에 전념해야 함을 뜻하고 있다. 내 목에 칼이 들어오는 시대에서는 죽음을 각오하는 믿음이 필요하다. 생즉사 사즉생이다. 육신이 살고자 하면 영원히 죽고, 육신이 죽고자 하면 영원히 사는 것이다.

자기 목숨을 얻는 자는 잃을 것이요

나를 위하여 자기 목숨을 잃는 자는 얻으리라 (마 10:39)

    우리가 스스로 조심하여 신앙생활에 전념하지 않는다면 겪게 되는 세 가지 증상이 있다. 방탕함과 술 취함과 생활의 염려이다. '방탕함'이란 고통에 사로잡혀 겪는 '두통' 과 유출을 의미한다. (유출은 유혹하여 있던 곳에서 다른 곳으로 나오게 함이란 뜻이다) '술 취함'이란 문자 그대로 이해할 수 있지만, 성령 충만하지 못하고 마음을 세상에 빼앗기는 것을 의미한다. (성경은 술 취함은 방탕한 것이니 성령의 충만함을 받으라고 말씀하고 있다) '생활의 염려'란 이생을 유지하고 지탱하는 일들을 생각하여 걱정하는 것이다. 세 가지 모두 땅의 것을 추구하는 사람들에게 볼 수 있는 특징들이다.

이런 자들은 마음이 둔하여진다고 하는데 세상 근심으로 마음에 짐을 지고 마음이 눌리는 것을 뜻한다. 그 결과 그들에게 그날이 덫과 같이 임하게 된다.

위의 것을 생각하고 땅의 것을 생각하지 말라 (골 3:2)

예수님은 우리에게 환난의 때를 감당하는 방법을 말씀하셨다. 바로 '항상 기도하며 깨어 있는 것'이다. 사도 바울도 우리에게 쉬지 말고 기도하라고 권면하고 있다. 깨어있는 것은 잠을 자지 않는 것이 아니라 그리스도 예수 안에서 기도로 깨어서 성경 말씀으로 시대를 분별하는 것이며, 항상 기도하는 것은 늘 성령의 충만함을 유지하라는 말씀이다.

그러므로 이르시기를
잠자는 자여 깨어서 죽은 자들 가운데서 일어나라

그리스도께서 너에게 비치시리라 하셨느니라 (엡 5:14)

잠자는 자들은 예수를 믿으나 영적으로 깨어있지 않는 자들이다. 세상 사람들과 똑같은 삶을 사는 자들에게 바울을 깨어나라고 권면하고 있다. 깨어남은 '오직 기도'로 가능하다.

마지막 때는 사람의 미혹으로 많은 자가 영적으로 자고 있을 것이다. 깨어 있는 자는 더욱 깨어 그날을 준비하고 잠자는 자들은 더욱 잠들어 멸망할 것이다. 마지막 때는 기도를 통해 성령 충만한 자만이 감당할 수 있다.

불의를 행하는 자는 그대로 불의를 행하고
더러운 자는 그대로 더럽고 의로운 자는 그대로 의를 행하고 거룩
한 자는 그대로 거룩하게 하라 (계 22:11)

육신의 피곤함 때문에 기도에 실패했던 베드로는 여종 앞에서 예수님을 저주하고 부인했다. 죽을지언정 주를 부인하지 않겠다던 고백은 자신의 신념이었던 것이다.

기도에 실패한 베드로는 영원한 것을 잃었다. 그러나 기도에 성공한 베드로는 세상 앞에서 자신을 부인하고 순교했다. 기도에 성공하자 영원한 것을 얻게 된 것이다.

세상을 이기는 승리는 나의 신념이 아니다. 오직 기도를 통해 주어지는 예수 그리스도의 믿음만이 우리에게 승리를 줄 수 있다.

무릇 하나님께로부터 난 자마다 세상을 이기느니라
세상을 이기는 승리는 이것이니 우리의 믿음이니라 (요일 5:4)

지금은 마지막 때다. 성경이 말씀하고 있는 징조들을 눈으로 보고 경험하고 있다.

앞으로의 시대는 환난이며 믿음의 승부를 해야 할 때이다. 그때가 되면 나의 믿음이 진짜인지 가짜인지 드러날 것이다. 나의 신념으로는 감당할 수 없는 시대가 도래 하고 있다. 오직 내 안에 계신 예수그리스도의 믿음으로 미래를 감당할 수 있다.

사람들이 세상에 임할 일을 생각하고
무서워하므로 기절하리니
이는 하늘의 권능들이 흔들리겠음이라 (눅 21:26)

마지막 때는 큰 환난과 난리 가운데 사람들이 무서워 기절한다고 성경은 말씀하고 있다.

제정신으로는 감당하려고 해도 도저히 감당할 수 없다는 것이다. 공포와 두려움 때문에 정신을 잃는다고 하는데 그 두려움이 어느 정도이기에 기절할까? 상상조차 되지 않는다. 그래서 예수님은 마지막 때를 살아가는 성도에게 기도하라고 말씀하셨다. 기도를 통해 나의 정신이 아닌 성령의 정신으로 무장해야만 감당할 수 있기 때문이다.

꾸준한 기도로 자신의 믿음을 지키고 구원받았던 다니엘처럼 오늘 기도해야 한다. 그때가 닥치면 기도 할 수 없다. 기도의 실력이 곧 믿음의 실력이다.

성경은 주님이 지체하지 않으시고 속히 오신다고 말씀하고 있다. 영혼의 때의 영원한 영광을 위해 오늘을 사는 힘은 오직 기도로 받을 수 있다.

그러므로 너희도 준비하고 있으리라
생각하지 않은 때에 인자가 오리라 하시니라 (눅 12:40)

나가는 말

지금은 마지막 때입니다. 세상에서 가장 지혜로운 사람은 죽음을 염두에 두고 사는 사람이라고 합니다. 예수를 믿는 우리의 삶도 마찬가지입니다. 주님 다시 오신다고 성경은 약속하고 있고, 그 시기가 가까이 왔습니다.

우리의 구원이 처음 믿을 때보다 가까이 왔기 때문에 우리는 지금 영적인 잠에서 깨어나야 합니다.

영적인 잠에서 깨는 유일한 방법은 성령 안에서 기도하고, 말씀에 순종하는 길밖에 없습니다. 수많은 행사와 프로그램이 우리의 믿음을 보장해 주지 않습니다.

그래서 성경은 마지막 때를 살아가는 우리에게 깨어 기도하라고 말씀하고 있습니다.

만물의 마지막이 가까이 왔으니

그러므로 너희는 정신을 차리고 근신하여 기도하라 (벧전 4:7)

오직 기도해야 성령 충만 받을 수 있고, 성령의 충만함 가운데 하나님의 말씀에 순종함으로 승리를 누릴 수 있습니다. 매일의 삶 가운데 믿음의 승리가 쌓일 때, 우리는 영원한 성공을 얻을 수 있습니다.

이것이 믿음이며, 마지막 때를 살아가고 있는 우리가 마땅히 갖춰야 할 모습입니다.

영원한 것을 위해 오늘을 사는 사람은 실수하지 않습니다. 길을 잃지도, 방황하지도 않습니다. 내가 가야 할 목적지가 분명하기에 천국으로 인도하는 좁은 길을 걸을 수 있습니다.

오직 예수 그리스도 안에서 성령을 따라 기도와 말씀으로 영혼의 때를 준비하기 바랍니다.

영혼의 때의 영원한 영광을 위해 오늘을 사는 사람이 세상에서 가장 지혜로운 사람입니다.